U0102605

中华国学文库

曹操集

〔三国〕曹　操　著

中华书局编辑部　编

中　华　书　局

图书在版编目(CIP)数据

曹操集/(三国)曹操著;中华书局编辑部编. —北京:中华书局,2012.4(2024.6 重印)
(中华国学文库)
ISBN 978-7-101-08557-0

Ⅰ.曹… Ⅱ.①曹…②中… Ⅲ.曹操(155~220)-文集
Ⅳ.Z423.6

中国版本图书馆 CIP 数据核字(2012)第 030970 号

书　　名　曹操集
著　　者　〔三国〕曹　操
编　　者　中华书局编辑部
丛 书 名　中华国学文库
责任编辑　张　巍
责任印制　管　斌
出版发行　中华书局
(北京市丰台区太平桥西里 38 号　100073)
http://www.zhbc.com.cn
E-mail:zhbc@zhbc.com.cn
印　　刷　河北新华第一印刷有限责任公司
版　　次　2012 年 4 月第 1 版
2024 年 6 月第 9 次印刷
规　　格　开本/880×1230 毫米　1/32
印张 7　插页 2　字数 124 千字
印　　数　32001-32800 册
国际书号　ISBN 978-7-101-08557-0
定　　价　35.00 元

中华国学文库出版缘起

《中华国学文库》的出版缘起，要从九十年前说起。

1920年，中华书局在创办人陆费伯鸿先生的主持下，开始编纂《四部备要》。这套汇集三百三十六种典籍的大型丛书，精选经史子集的“最要之书”，校订成“通行善本”，以精雅的仿宋体铅字排印。一经推出，即以其选目实用、文字准确、品相精美、价格低廉的鲜明特点，最大限度地满足了国人研治学问、阅读典籍的需要，广受欢迎。丛书中的许多品种，至今仍为常用之书。

新中国成立之后，党和国家倡导系统整理中国传统文献典籍。六十馀年来，在新的学术理念和新的整理方法的指导下，数千种古籍得到了系统整理，并涌现出许多精校精注整理本，已成为超越前代的新善本，为学界所必备。

同时，随着中华民族以前所未有的自信快速发展，全社会对中国固有的学术文化——国学，也表现出前所未有的关注和重视。让中华文化的优秀成果得到继承和创新，并在世界范围内进行传播和弘扬，普惠全人类，已经成为中华民族的历史使命。当此之时，符合当代国民阅读需要的权威的国学经典读本的出现，实为当务之急。于是,《中华国学文库》应运而生。

《中华国学文库》是我们追慕前贤、服务当代的产物,因此,它自当具备以下三个基本特点:

一、《文库》所选均为中国学术文化的“最要之书”。举凡哲学、历史、文学、宗教、科学、艺术等各类基本典籍,只要是公认的国学经典,皆在此列。

二、《文库》所选均为代表当代最新学术水平的“最善之本”,即经过精校精注的最有品质的整理本。其中既有传统旧注本的点校整理本,如朱熹《四书章句集注》,也有获得学界定评的新校新注本,如余嘉锡《世说新语笺疏》。总之,不以新旧为别,惟以善本是求。

三、《文库》所选均以新式标点、简体横排刊印。中国古籍向以繁体竖排为标准样式。时至当代,繁体竖排的标准古籍整理方式仍通行于学术界,但绝大多数国人早已习惯于现代通行的简体横排的图书样式。《文库》作为服务当代公众的国学读本,标准简体字横排本自当是恰当的选择。

《中华国学文库》将逐年分辑出版,每辑十种,一次推出;期以十年,以毕其功。在此,我们诚挚希望得到学术界、出版界同仁的襄助和广大读者的支持。

中华书局自1912年成立,至今已近百岁。我们将《中华国学文库》当作向中华书局百年诞辰敬献的一份贺礼,更是向致力于中华民族和平崛起、实现复兴大业的全国人民敬献的一份厚礼。我们自当努力,让《中华国学文库》当得起这份重任,这份荣誉。

中华书局编辑部

2010年12月

出版说明

曹操（公元一五五——二二〇年）字孟德，沛国谯县（今安徽亳州）人，是三国时期杰出的政治家和军事家，对于文学也有很深的造诣。他的思想对后世影响很大，很值得研究。

由于目前市面上缺乏一部完整收录曹操著作且质量较好的整理本，我们重印了这本曹操集。这个集子是一九五九年编印的，以丁福保的汉魏六朝名家集本魏武帝集为底本，稍加整理和补充，并增加了孙子注，是从孙子十家注中抽出来的。诗文部分，曾用三国志、宋书乐志、乐府诗集以及各种类书作了对校，并注明了出处。诗集中谣俗词不详出处，苦寒行和善哉行的第三首，诸书及不同版本或标曹操，或标曹丕；塘上行一首或题古辞，或说甄后作，或说曹丕作。现均附存待考，并加注说明。文集卷三报荀彧的第一段，原注出水经淄水注，今检未见，疑注误。除本集外，我们把路粹、阮瑀代曹操写的信作为附录。

本书还附有三国志武帝纪（连裴注）和江耦所编曹操年表（初稿曾发表在一九五九年第三期历史研究），以及曹操著作考（据姚振宗三国艺文志节录)。

本书出版后又陆续发现了几条佚文,现作为补遗,附在最后。这次重印改排,我们改正了一些错字和标点,但可能还遗留下一些问题,希望读者批评指正。

中华书局编辑部

2012年2月

目　录

诗　集

文　集

卷　二

孙 子 注

附　录

补　遗

诗　集

气出唱 三首

驾六龙，乘风而行。行四海外，路下之八邦。历登高山临谿谷，乘云而行。行四海外，东到泰山。仙人玉女，下来翱游。骖驾六龙饮玉浆。河水尽，不东流。解愁腹，饮玉浆。奉持行，东到蓬莱山，上至天之门。玉阙[一]下，引见得入，赤松相对，四面顾望，视正焜煌。开玉[二]心正兴，其气百道至。传告无穷闭其口，但当爱气寿万年。东到海，与天连。神仙之道，出窈入冥，常当专之。心恬澹，无所惕欲。闭门坐自守，天与期气。愿得神之人，乘驾云车，骖驾白鹿，上到天之门，来赐神之药。跪受之，敬神齐。当如此，道自来。乐府诗集卷二十六。

[一]宋书乐志三（殿本）“阙”作“关”。

[二]宋书乐志（殿本）“玉”作“王”。

其二

华阴山，自以为大。高百丈，浮云为之盖。仙人欲来，出随风，列之雨。吹我洞箫，鼓瑟琴，何訚訚㊀！酒与歌戏，今日相乐诚为乐。玉女起，起舞移数时。鼓吹一何嘈嘈。从西北来时，仙道多驾烟，乘云驾龙，郁何蓩蓩。遨游八极，乃到昆仑之山，西王母侧，神仙金止玉亭。来者为谁？赤松王乔，乃德旋之门。乐共饮食到黄昏。多驾合坐，万岁长，宜子孙。乐府诗集卷二十六。

㊀乐府诗集"訚訚"作"闾闾"，今依宋书乐志改。

其三

游君山，甚为真。磪嵬砟硌，尔自为神。乃到王母台，金阶玉为堂，芝草生殿旁。东西厢，客满堂。主人当行觞，坐者长寿遽何央。长乐甫始宜孙子。常愿主人增年，与天相守。乐府诗集卷二十六。

精列

厥初生，造化之陶物，莫不有终期。莫不有终期。圣贤不能免，何为怀此忧？愿螭龙之驾，思想昆仑居。思想昆仑居。见期于迂怪，志意在蓬莱。志意在蓬莱。周孔圣徂落，会稽以坟丘。会稽以坟丘。陶陶谁能度？君子以弗忧。年之暮奈何，时过时[一]来微。乐府诗集卷二十六。

[一]宋书乐志"时过时"作"过时时"。

度关山

天地间，人为贵。立君牧民，为之轨则。车辙马迹，经纬四极。黜陟幽明，黎庶繁息。於铄贤圣，总统邦域。封建五爵，井田刑狱。有燔丹书，无普赦赎。皋陶甫侯，何有失职？嗟哉后世，改制易律。劳民为君，役赋其力。舜漆食器，畔者十国，不及唐尧，采椽不斫。世叹伯夷，欲以厉俗。侈恶之大，俭为共[一]德。许由推让，岂有讼曲？兼爱尚同，疏者为戚。乐府诗集卷二十七。

[一]宋书乐志"共"作"恭"。

薤露

惟汉二十二[一]世，所任诚不良。沐猴而冠带，知小而谋强。犹豫不敢断，因狩执君王。白虹为贯日，已亦先受殃。贼臣持国柄，杀主灭宇京。荡覆帝基业，宗庙以燔丧。播越西迁移，号泣而且行。瞻彼洛城郭，微子为哀伤。乐府诗集卷二十七。

[一]黄节魏武帝诗注谓"二十二"当作"廿二"。

蒿里

关东有义士，兴兵讨群凶。初期会盟津，乃心在咸阳。军合力不齐，踌躇而雁行。势利使人争，嗣还自相戕。淮南弟称号，刻玺于北方。铠甲生虮虱，万姓以死亡，白骨露于野，千里无鸡鸣。生民百遗一，念之断㊀人肠！乐府诗集卷二十七。

㊀宋书乐志“断”作“绝”。

对酒

对酒歌，太平时，吏不呼门。王者贤且明，宰相股肱皆忠良。咸礼让，民无所争讼。三年耕有九年储，仓谷满盈。班白不负戴。雨泽如此，百㊀谷用成。却走马，以粪其上㊁田。爵公侯伯子男，咸爱其民，以黜陟幽明。子养有若父与兄。犯礼法，轻重随其刑。路无拾遗之私。囹圄空虚，冬节不断。人耄耋，皆得以寿终。恩德广及草木昆虫。乐府诗集卷二十七。

㊀宋书乐志“百”作“五”。

㊁宋书乐志（殿本）“上”作“土”。

陌上桑

驾虹霓，乘赤云，登彼九疑历玉门㊀。济天汉，至昆仑。见西王母谒东君。交赤松，及羡门，受要秘道爱精神。食芝英，饮醴泉，拄杖[二]枝，佩秋兰。绝人事，游浑元。若疾风游欻飘飘。景未移，行数千。寿如南山不忘愆。乐府诗集卷二十八。

[一]宋书乐志“玉”作“王”。

[二]宋书乐志及汲古阁本乐府诗集“杖”下有“桂”字。

短歌行 二首

对酒当歌，人生几何！譬如朝露，去日苦多。慨当以慷，忧思难忘。何以解忧[一]？唯有杜康。青青子衿，悠悠我心。〔但为君故，沉吟至今。〕[二]呦呦鹿鸣，食野之苹。我有嘉宾，鼓瑟吹笙。明明如月，何时可辍[三]。忧从中来，不可断绝。[四]越陌度阡，枉用相存。契阔谈讌，心念旧恩。月明星稀，乌鹊南飞。绕树三匝，何枝可依？山不厌高，海[五]不厌深。周公吐哺，天下归心。乐府诗集卷三十。

[一]晋乐所奏此句作“以何解愁”。

[二]本辞无此八字，据晋乐所奏及文选补。

[三]文选“辍”作“掇”。

[四]此四句晋乐所奏在“呦呦”句前；此下八句，晋乐所奏无。

[五]晋乐所奏“海”作“水”。

其二

周西伯昌，怀此圣德。三分天下，而有其二。修奉贡献，臣节不隆[一]。崇侯谗之，是以拘系。一解。

后见赦原，赐之斧钺，得使征伐。为仲尼所称，达及德行，犹奉事殷，论叙其美。二解。

齐桓之功，为霸之首。九合诸侯，一匡天下。一匡天下，不以兵车。正而不谲，其德传称。三解。

孔子所叹，并称夷吾，民受其恩。赐与庙胙，命无下拜。小白不敢尔，天威在颜咫尺。四解。

晋文亦霸，躬奉天王。受赐珪瓒，秬鬯彤弓，卢弓矢千，虎贲三百人。五解。

威服诸侯，师之者尊。八方闻之，名亚齐桓。河阳之会，诈称周王，是[二]其名纷葩。六解。乐府诗集卷三十。

[一]宋书乐志及汲古阁本乐府诗集"隆"作"坠"。

[二]宋书乐志"是"下有"以"字。

苦寒行

北上太行山，艰哉何巍巍！羊肠坂诘屈，车轮为之摧。树木何萧瑟，北风声正悲！熊罴对我蹲，虎豹夹路啼。谿谷少人民，雪落何霏霏！延颈长叹息，远行多所怀。我心何怫郁？思欲一东归。水深桥梁绝，中路[一]正徘徊。迷惑失故[二]路，薄暮无[三]宿栖。行行日已远，人马同时饥。担囊行取薪，斧冰持作糜。悲彼东山诗，悠悠令我哀。乐府诗集卷三十三。

㊀晋乐所奏"路"作"道"。

㊁晋乐所奏"故"作"径"。

㊂晋乐所奏"薄暮无"作"暝无所"。

秋胡行 二首

晨上散关山,此道当何难!晨上散关山,此道当何难!牛顿不起,车堕谷间。坐盘石之上,弹五弦之琴。作为清角韵,意中迷烦。歌以言志,晨上散关山。一解。

有何三老公,卒来在我傍?有何三老公,卒来在我傍?负揜被裘,似非恒人。谓卿云何困苦以自怨,徨徨所欲,来到此间?歌以言志,有何三老公?二解。

我居昆仑山,所谓者真人。我居昆仑山,所谓者真人。道深有可得。名山历观,遨游八极,枕石漱流饮泉。沉吟不决,遂上升天。歌以言志,我居昆仑山。三解。

去去不可追,长恨相牵攀。去去不可追,长恨相牵攀。夜夜安得寐,惆怅以自怜。正而不谲,辞赋依因。经传所过,西来所传。歌以言志,去去不可追。四解。乐府诗集卷三十六。

其二

愿登泰华山,神人共远游。愿登泰华山,神人共远游。经历昆仑山,到蓬莱。飘飖八极,与神人俱。思得神药,万岁为期。歌以言志，愿登泰华山。一解。

天地何长久！人道居之短。天地何长久！人道居之短。世言伯阳，殊不知老；赤松王乔，亦云得道。得之未闻，庶以寿考。歌以言志，天地何长久。二解。

明明日月光，何所不光昭！明明日月光，何所不光昭！二仪合圣化，贵者独人不？万国率土，莫非王臣。仁义为名，礼乐为荣。歌以言志，明明日月光。三解。

四时更逝去，昼夜以成岁。四时更逝去，昼夜以成岁。大人先天而天弗违。不戚年往，忧世不治。存亡有命，虑之为蚩。歌以言志，四时更逝去。四解。

戚戚欲何念！欢笑意所之。戚戚欲何念！欢笑意所之。壮盛智惠，[一]殊不再来。爱时进趣，将以惠谁？泛泛放逸，亦同何为！歌以言志，戚戚欲何念！五解。乐府诗集卷三十六。

[一]宋书乐志“壮盛”作“盛壮”，殿本“惠”作“慧”。

善哉行 三首

古公亶甫，积德垂仁。思弘一道，哲王于豳。一解。

太伯仲雍，王德之仁。行施百世，断发文身。二解。

伯夷叔齐，古之遗贤。让国不用，饿殂首山。三解。

智哉山甫，相彼宣王。何用杜伯，累我圣贤。四解。

齐桓之霸，赖得仲父。后任竖刁，虫流出户。五解。

晏子平仲，积德兼仁。与世沉德，未必思命。六解。

仲尼之世，王国为君。随制饮酒，扬波使官。七解。乐府诗集卷三十六。

其二

自惜身薄祜㈠，夙贱罹孤苦。既无三徙教，不闻过庭语。一解。

其穷如抽裂，自以思所怙。虽怀一介志，是时其能与！二解。

守穷者贫贱，惋欢㈡泪如雨。泣涕於悲夫，乞活安能睹？三解。

我愿于天穷，琅邪倾侧左。虽欲竭忠诚，欣公归其楚。四解。

快人由㈢为叹，抱情不得叙。显行天教人，谁知莫不绪。五解。

我愿何时随？此叹亦难处。今我将何照于光曜？释衔不如雨。六解。乐府诗集卷三十六。

㈠宋书乐志“祜”作“祐”。

㈡宋书乐志“欢”作“叹”。

㈢宋书乐志“由”作“曰”。

其三

朝日乐相乐，酣饮不知醉。悲弦激新声，长笛吹㈠清气。

一解。

弦歌感人肠，四坐皆欢悦。寥寥高堂上，凉风入我室。二解。

持满如不盈，有德㊁者能卒。君子多苦心，所愁不但一。三解。

慊慊下白屋，吐握不可失。众宾饱满归，主人苦不悉。四解。

比翼翔云汉，罗者安所羁？冲静得自然，荣华何足为！五解。乐府诗集卷三十六。

㊀宋书乐志"吹"作"吐"。

㊁宋书乐志"德"作"得"。

却东西门行

鸿雁出塞北，乃在无人乡。举翅万馀里，行止自成行。冬节食南稻，春日复北翔。田中有转蓬，随风远飘扬。长与故根绝，万岁不相当。奈何此征夫，安得去四方！戎马不解鞍，铠甲不离傍。冉冉老将至，何时反故乡？神龙藏深泉，猛兽步高冈。狐死归首丘，故乡安可忘！乐府诗集卷三十七。

步出夏门行㊀

云行雨步，超越九江之皋。临观异同，心意怀游豫，不知当复何从。经过至我碣石，心惆怅我东海。云行至此为艳。

东临碣石，以观沧海。水何澹澹，山岛竦峙。树木丛生，百草丰茂。秋风萧瑟，洪波踊[二]起。日月之行，若出其中；星汉粲烂，若出其里。幸甚至哉！歌以咏志。观沧海。一解。

孟冬十月，北风徘徊。天气肃清，繁霜霏霏。鹍鸡晨鸣，鸿雁南飞。鸷鸟潜藏，熊罴窟栖。钱镈停置，农收积场。逆旅整设，以通贾商。幸甚至哉！歌以咏志。冬十月。二解。

乡土不同，河朔隆寒。流澌浮漂，舟船行难。锥不入地，蘴藾深奥。水竭不流，冰坚可蹈。土[三]隐者贫，勇侠轻非。心常叹怨，戚戚多悲。幸甚至哉！歌以咏志。河朔寒。[四]三解。

神龟虽寿，犹有竟时；腾蛇乘雾，终为土灰。骥老伏枥，志在千里；烈士暮年，壮心不已。盈缩之期，不但在天；养怡之福，可得永年。幸甚至哉！歌以咏志。神龟虽寿。四解。乐府诗集卷三十七。

[一]晋书乐志下，题作碣石篇。

[二]宋书乐志"波"作"涛"，"踊"作"涌"。

[三]汲古阁本"土"下有注"一作士"。

[四]晋书乐志作"土不同"。

谣俗词

瓮中无斗储，发箧无尺缯，友来从我贷，不知所以应。

董卓歌词

德行不亏缺，变故自难常。郑康成行酒，伏地气绝；郭景图命尽于园桑。魏志卷六袁绍传注。

塘上行

蒲生我池中，其叶何离离。傍能行仁义㊀，莫若妾㊁自知。众口铄黄金，使君生别离㊂。念君去我时，独愁常苦悲。想见君颜色，感结伤心脾。念君常苦悲，夜夜不能寐。㊃莫以㊄豪贤故，弃捐素所爱？莫以鱼肉贱㊅，弃捐葱与薤？莫以麻枲贱，弃捐菅与蒯？㊆出亦复苦愁，入亦复苦愁。边地多悲风，树木何翛翛㊇！从君致独乐㊈，延年寿千秋。乐府诗集卷三十五。

此诗据乐府诗集本辞一首录出，与晋乐所奏一首字句有异，现作校记于下：

㊀"仁义"作"人仪"（宋书乐志作"仪仪"）。

㊁"若妾"作"能缕"。

㊂"别离"作"离别"。

㊃此二句作"今悉夜夜愁不寐"。

㊄"以"作"用"（下二句同）。

㊅"贱"作"贵"。

㊆此处尚有七句："倍恩者苦枯，蹶船常苦没。教君安息定，慎莫致仓

卒！念与君一共离别，亦当何时，共坐复相对？”

㈧“翛翛”作“萧萧”。

㈨此句作“今日乐相乐”（玉台新咏“从君”作“从军”）。

文　集

卷　一

鹖鸡赋序

鹖鸡猛气，其斗终无负，期于必死。今人以鹖为冠，像此也。大观本草十九“鹖鸡”。

假为献帝策收伏后 建安十九年

皇后寿，得由卑贱，登显尊极，自处椒房，二纪于兹。既无任、姒徽音之美，又乏谨身养己之福；而阴怀妒害，苞藏祸心，弗可以承天命、奉祖宗。今使御史大夫郗虑持节策诏，其上皇后玺绶，退避中宫，迁于它馆。呜呼伤哉，自寿取之！未至于理，为幸多焉。后汉书献帝伏皇后纪。

策立卞后 建安二十四年

夫人卞氏，抚养诸子，有母仪之德。今进位王后，太子诸侯陪位群卿上寿，减国内死罪一等。魏志卞皇后传。

领兖州牧表

入司兵校，出总符任，臣以累叶受恩，膺荷洪施，不敢顾命。是以将戈帅甲，顺天行诛，虽戮夷覆亡不暇。臣愧以兴隆之秩，功无所执，以伪假实，条不胜华，窃感讥请[一]，盖以惟谷。艺文类聚五十。

[一]"请"疑为"诮"之误。

陈损益表 初平三年

陛下即祚，复蒙试用，遂受上将之任，统领二州，内参机事，实所不堪。昔韩非闵韩之削弱，不务富国强兵，用贤任能。臣以区区[一]之质，而当钟鼎之任；以暗钝之才，而奉明明之政，顾恩念责，亦臣竭节投命之秋也。谨条遵奉旧训权时之宜十四事，奏如左，庶以蒸萤，增明太阳，言不足采。艺文类聚五十二。

[一]"区区"原作"驱驱"，依张本、丁本改。

表糜竺领嬴郡 建安元年

泰山郡界广远，旧多轻悍。权时之宜，可分五县为嬴郡，拣选清廉以为守将。偏将军糜竺，素履忠贞，文武昭烈。请以竺领嬴郡太守，抚慰吏民。蜀志糜竺传注引曹公集。

谢袭费亭侯表 建安元年

不悟陛下乃寻臣祖父厕豫功臣，克定寇逆，援立孝顺皇帝。谓操不忘，获封茅土。圣恩明发，远念桑梓。日以臣为忠孝之苗，不复量臣材之丰否。既勉袭爵邑，忝厥祖考，复宠上将鈇钺之任，兼领大州万里之宪；内比鼎臣，外参二伯，身荷兼绂之荣，本枝赖无穷之祚也。昔大彭辅殷，昆吾翼夏，功成事就，乃备爵锡。臣束脩无称，统御无绩，比荷殊宠，策命褒绩，未盈一时，三命交至。双金重紫，显以方任，虽不识义，庶知所尤。艺文类聚五十一。

让还司空印绶表

臣文非师尹之佐，武非折冲之任，遭天之幸，干窃重授。内踵伯禽司空之职，外承吕尚鹰扬之事，斗筲处之，民其瞻观。水土不平，奸宄未静，臣常愧辱，忧为国累。臣无智勇，以助万一，夙夜惭惧，若集水火，未知何地，可以殒越。

艺文类聚六十七。

请爵荀彧表 建安八年

臣闻虑为功首，谋为赏本，野绩不越庙堂，战多不逾国勋。是故曲阜之锡，不后营丘；萧何之土，先于平阳。珍策重计，古今所尚。侍中守尚书令彧，积德累行，少长无悔，遭世纷扰，怀忠念治。臣自始举义兵，周游征伐，与彧戮力同心，左右王略，发言授策，无施不效。彧之功业，臣由以济，用披浮云，显光日月。陛下幸许，彧左右机近，忠恪祗顺，如履薄冰，研精极锐，以抚庶事，天下之定，彧之功也。宜享高爵，以彰元勋。魏志荀彧传注引彧别传。

守尚书令荀彧，自在臣营，参同计画，周旋征伐，每皆克捷，奇策密谋，悉皆共决。及彧在台，常私书往来，大小同策；诗美腹心，传贵庙胜，勋业之定，彧之功也。而臣前后独荷异宠，心所不安。彧与臣事通功并，宜进封赏，以劝后进者。袁宏后汉纪二十九，建安八年七月曹操上言。　案：此与别传之表相当，而文全异。

请封荀攸表 建安九年

军师荀攸，自初佐臣，无征不从，前后克敌，皆攸之谋也。魏志荀攸传。

表称乐进于禁张辽 建安十一年

武力既弘，计略周备，质忠性一，守执节义。每临战攻，常为督率，奋强突固，无坚不陷，自援枹鼓，手不知倦。又遣别征，统御师旅；抚众则和，奉令无犯，当敌制决，靡有遗失。论功纪用，各宜显宠。魏志乐进传。

请增封荀彧表

昔袁绍作逆，连兵官渡。时众寡粮单，图欲还许。尚书令荀彧，深建宜住之便，远恢进讨之略，起发臣心，革易愚虑，坚营固守，徼其军实；遂摧扑大寇，济危以安。绍既破败，臣粮亦尽，将舍河北之规，改就荆南之策。彧复备陈得失，用移臣议，故得反旆冀土，克平四州。向使臣退军官渡，绍必鼓行而前，敌人怀利以自百，臣众怯沮以丧气，有必败之形，无一捷之势。复若南征刘表，委弃兖、豫，饥军深入，逾越江、沔，利既难要，将失本据。而彧建二策，以亡为存，以祸为福，谋殊功异，臣所不及。是故先帝贵指踪之功，薄搏获之赏；古人尚帷幄之规，下攻拔之力。原其绩效，足享高爵，而海内未喻其状，所受不侔其功，臣诚惜之。乞重平议，增畴户邑。后汉荀彧传。又魏志荀彧传注引彧别传曰：太祖又表曰：昔袁绍侵入郊甸，战于官渡。时兵少粮尽，图欲还许，书与彧议，彧不听臣。建宜住之便，恢进讨之规，更起臣心，易其愚虑，遂摧大逆，覆取其众。此彧睹胜败之机，略不世出也。及绍破败，臣粮亦尽，以为河北未易图也，欲南讨刘表。彧复止臣，陈其得失，臣用反旆，遂吞凶族，克平四州。向使臣退于官渡，绍必鼓行而前，有倾覆之形，无克捷之势。后若南征，委弃兖、豫，利既难要，将失本据。彧之二策，以亡为存，以祸致福，谋殊功异，臣所不及也。是以先帝贵指踪之功，薄搏获之赏；古人尚帷幄之规，下攻拔之捷。前所赏录，未副彧巍巍之勋。乞重平议，畴其户邑。

表论田畴功

文雅优备，忠武又著，和于抚下，慎于事上。量时度理，进退合义。幽州始扰，胡、汉交萃，荡析离居，靡所依怀。畴率宗人避难于无终山，北拒卢龙，南守要害，清静隐约，耕而后食，人民化从，咸共资奉。及袁绍父子威力加于朔野，远结乌丸，与为首尾，前后召畴，终不陷挠。后臣奉命，军次易县，畴长驱自到，陈讨胡之势，犹广武之建燕策，薛公之度淮南。又使部曲持臣露布，出诱胡众，汉民或因亡来，乌丸闻之震荡。王旅出塞，涂由山中九百馀里，畴帅兵五百，启导山谷，遂灭乌丸，荡平塞表。畴文武有效，节义可嘉，诚应宠赏，以旌其美。魏志田畴传注引先贤行状。

请追增郭嘉封邑表

臣闻褒忠示宠，未必当身，念功惟绩，恩隆后嗣。是以楚宗孙叔敖，显封厥子，岑彭既没，爵及枝庶。诚贤君殷勤于清良，圣祖敦笃于明勋也。故军祭酒洧阳亭侯颍川郭嘉，立身著行，称茂乡邦，与臣参事，尽节为国。忠良渊淑，体通性达。每有大议，发言盈廷，执中处理，动无遗策。自在军旅，十有馀年，行同骑乘，坐共幄席。东禽吕布，西取眭固；斩袁谭之首，平朔土之众。逾越险塞，荡定乌丸；震威辽东，以枭袁尚。虽假天威，易为指麾；至于临敌，发扬誓命，凶逆克殄，勋实由嘉。臣今日所以免戾，嘉与其功。方将表显，使赏足以报效，薄命夭殒，不终美志。上为陛下悼惜良臣，下自毒恨丧失奇佐。昔霍去病蚤死，孝武为之咨嗟；祭遵不究功业，世祖望柩悲恸。仁恩降下，念发五内。今嘉陨命，诚足怜伤。宜追赠加封，并前千户；褒亡为存，厚往劝来也。魏志郭嘉传注引魏书，又艺文类聚五十一。案：魏志郭嘉传载此表云：军祭酒郭嘉，自从征伐，十有一年。每有大议，临敌制变，臣策未决，嘉辄成之。平定天下，谋功为高。不幸短命，事业未终；追思嘉勋，实不可忘。可增邑八百户，并前千户。即前表约文，惟多出"增邑八百户"一句。

表论张辽功

登天山，履峻险，以取兰、成，荡寇功也。增邑假节。魏志张辽传。

掩获宋金生表

臣前遣讨河内、获嘉诸屯，获生口，辞云："河内有一神人宋金生，令诸屯皆云鹿角不须守，吾使狗为汝守。不从其言者，即夜闻有军兵声，明日视屯下，但见虎迹。”臣辄部武猛都尉吕纳，将兵掩捉得生口，辄行军法。御览三百三十七。

留荀彧表

臣闻古之遣将，上设监督之重，下建副二之任，所以尊严国命，谋而鲜过者也。臣今当济江，奉辞伐罪，宜有大使，肃将王命。文武并用，自古有之。使持节侍中守尚书令万岁亭侯彧，国之望臣，德洽华夏，既停军所次，便宜与臣俱进，宣示国命，威怀丑虏。军礼尚速，不及先请，臣辄留彧，依以为重。后汉荀彧传。

让九锡表 建安十八年

臣功小德薄，忝宠已过，进爵益土，非臣所宜；九锡大礼，臣所不称。惶悸征营，心如炎灼，归情写实，冀蒙听省。不悟陛下复诏褒诱，喻以伊、周，未见哀许。臣闻事君之道，犯而勿欺；量能处位，计功受爵，苟所不堪，有损无从。加臣待罪上相，民所具瞻，而自过谬，其谓臣何！艺文类聚五十三。

上器物表

臣祖腾，有顺帝赐器。今上四石铜鋗四枚，五石铜鋗一枚，御物有纯银粉铫一枚，药杵臼一具。御览七百五十七、七百六十二。

奏上九酝酒法

臣县故令南阳郭芝，有九酝春酒。法用面三十斤，流水五石，腊月二日清麹，正月冻解，用好稻米，漉去麹滓，便酿法饮。曰譬诸虫，虽久多完，三日一酿，满九斛米止。臣得法酿之，常善；其上清滓亦可饮。若以九酝苦难饮，增为十酿，差甘易饮，不病。今谨上献。北堂书钞一百四十八、文选南都赋注引魏武集。

上杂物疏

御物三十种，有纯银参镂带漆画书案一枚，纯银参带台砚一枚，纯银参带圆砚大小各一枚。书钞一百三十三、御览六百五。

御物有漆画韦枕二枚，贵人公主有黑漆韦枕三十枚。书钞一百三十四。

御物三十种，有纯金香炉一枚，下盘自副；贵人公主有纯银香炉四枚，皇太子有纯银香炉四枚，西园贵人铜香炉三十枚。书钞一百三十五、艺文类聚七十。

御杂物用，有纯金唾壶一枚，漆园油唾壶四枚，贵人有纯银参带唾壶三十枚。御览七百三。

御物三十种，有上车漆画重几大小各一枚。书钞一百三十三。

御物有尺二寸金错铁镜一枚，皇后杂物用纯银错七寸铁镜四枚，皇太子杂纯银错七寸铁镜四枚，贵人至公主九寸铁镜四十枚。书钞一百三十六、御览七百一十七。

御物中宫贵人公主皇子纯银漆带镜一枚，西园贵人纯银参带五，皇子银匣一，皇子杂用物十六种，纯金参带方严四具。御览八百十二。

镜台出魏宫中，有纯银参带镜台一，纯银七，贵人公主镜台四。御览七百一十七。

纯银澡豆奁，纯银括镂奁，又银镂漆匣四枚。书钞一百三十五。

油漆画严器一，纯金参带画方严器一。御览七百十七。

御杂物之所得孝顺皇帝赐物，有容五石铜澡盘一枚。书钞一百三十五。

有银画象牙杯盘五具。御览七百五十九。

中宫用物，杂画象列尺一枚，贵人公主有象牙尺三十枚，宫人有象牙尺百五十枚，骨尺五十枚。御览八百三十。

中宫杂物，杂画象牙针管一枚。御览八百三十。

上书理窦武陈蕃

武等正直，而见陷害。奸邪盈朝，善人壅塞。魏志武帝纪注引魏书。

兖州牧上书

山阳郡有美梨。谨上缝帐二,丝缕十斤,甘梨二箱,椑枣二箱。初学记二十、御览八百三十、又九百六十九、九百七十一。

上书让增封 建安元年

无非常之功,而受非常之福,是用忧结。比章归闻,天慈无已,未即听许。臣虽不敏,犹知让不过三。所以仍布腹心,至于四五,上欲陛下爵不失实,下为臣身免于苟取。艺文类聚五十一。

又上书让封 建安元年

臣诛除暴逆,克定二州,四方来贡,以为臣之功。萧相国以关中之劳,一门受封;邓禹以河北之勤,连城食邑。考功效实,非臣之勋。臣祖父中常侍侯,时但从辇,扶翼左右,既非首谋,又不奋戟,并受爵封,暨臣三叶。臣闻易豫卦曰:"利建侯行师",有功乃当进立以为诸侯也。又讼卦六三曰:"食旧德,或从王事。"谓先祖有大德,若从王事有功者,子孙乃得食其禄也。伏惟陛下垂乾坤之仁,降云雨之润，远录先臣扶掖之节，采臣在戎犬马之用，优策褒崇，光曜显量，非臣尪顽所能克堪。艺文类聚五十一。

上书让费亭侯 建安元年

臣伏读前后策命，既录臣庸才微功，乃复追述先臣，幽赞显扬，见得思义，屏营怖惧，未知首领所当所授。故古人忠臣，或有连城而不辞，或有一邑而违命。所以然者，欲必正其名也。又礼制，诸侯国土以绝，子孙有功者，当更受封，不得增袭。其有所增者，谓国未绝也；或有所袭者，谓先祖功大也；数未极，无故断绝，故追绍之也。臣自三省，先臣虽有扶辇微劳，不应受爵，岂逮臣三叶；若录臣关东微功，皆祖宗之灵佑。陛下之圣德，岂臣愚陋，何能克堪。艺文类聚五十一。

上书让增封武平侯及费亭侯 建安元年

伏自三省，姿质顽素，材志鄙下，进无匡辅之功，退有拾遗之美。虽有犬马微劳，非独臣力，皆由部曲将校之助。陛下前追念先臣微功，使臣续袭爵土，祖考蒙光照之荣，臣受不赀之分，未有丝发以自报效。昔齐侯欲更晏婴之宅，婴曰："臣之先容焉，臣不足以继之。"卒违公命，以成私志。臣自顾省，不克负荷，食旧为幸。虽上德在弘，下有因割。

臣三叶累宠，皆统极位，义在殒越，岂敢饰辞！艺文类聚五十一。

上书谢策命魏公 建安十八年

臣蒙先帝厚恩，致位郎署，受性疲怠，意望毕足，非敢希望高位，庶几显达。会董卓作乱，义当死难，故敢奋身出命，摧锋率众，遂值千载之运，奉役目下。当二袁炎沸侵侮之际，陛下与臣寒心同忧，顾瞻京师，进受猛敌，常恐君臣俱陷虎口，诚不自意能全首领。赖祖宗灵佑，丑类夷灭，得使微臣窃名其间。陛下加恩，授以上相，封爵宠禄，丰大弘厚，生平之愿，实不望也。口与心计，幸且待罪，保持列侯，遗付子孙，自托圣世，永无忧责。不意陛下乃发盛意，开国备锡，以贶愚臣，地比齐、鲁，礼同藩王，非臣无功所宜膺据。归情上闻，不蒙听许，严诏切至，诚使臣心俯仰逼迫。伏自惟省，列在大臣，命制王室，身非己有，岂敢自私，遂其愚意，亦将黜退，令就初服。今奉疆土，备数藩翰，非敢远期，虑有后世；至于父子，相誓终身，灰躯尽命，报塞厚恩。天威在颜，悚惧受诏。魏志武帝纪注引魏略。

上言破袁绍 建安五年十月

大将军邺侯袁绍，前与冀州牧韩馥，立故大司马刘虞，刻作金玺，遣故任长毕瑜诣虞，为说命禄之数。又绍与臣书云："可都鄄城，当有所立。"擅铸金银印，孝廉计吏，皆往诣绍。从弟济阴太守叙与绍书云："今海内丧败，天意实在我家，神应有征，当在尊兄。南兄，臣下欲使即位，南兄言，以年则北兄长，以位则北兄重。便欲送玺，会曹操断道。"绍宗族累世受国重恩，而凶逆无道，乃至于此。辄勒兵马，与战官渡。乘圣朝之威，得斩绍大将淳于琼等八人首，遂大破溃。绍与子谭轻身迸走，凡斩首七万馀级，辎重财物巨亿。魏志武帝纪注引献帝起居注。

破袁尚上事

臣前上言逆贼袁尚还，即厉精锐讨之。今尚人徒震荡，部曲丧守，引兵遁亡。臣陈军被坚执锐，朱旗震燿，虎士雷噪，望旗眩精，闻声丧气，投戈解甲，翕然沮坏。尚单骑迸走，捐弃伪节钺，大将军邟乡侯印各一枚，兜鍪万九千六百二十枚，其矛楯弓戟，不可胜数。御览三百五十六。

授崔琰东曹教

君有伯夷之风，史鱼之直，贪夫慕名而清，壮士尚称而厉，斯可以率时者已。故授东曹，往践厥职。魏志崔琰传。

决议田畴让官教

昔夷、齐弃爵而讥武王，可谓愚暗，孔子犹以为“求仁得仁”。畴之所守，虽不合道，但欲清高耳。使天下悉如畴志，即墨翟兼爱尚同之事，而老聃使民结绳之道也。外议虽善，为复使令司隶以决之。魏志田畴传注引魏略。

与韩遂教 建安十六年

谢文约：卿始起兵时，自有所逼，我所具明也。当早来，共匡辅国朝。魏志张既传注引魏略。

征吴教

今孤戒严，未知所之，有谏者死。魏志贾逵传注引魏略。

原贾逵教

逵无恶意，原复其职。魏志贾逵传注引魏略。

合肥密教 建安二十年

若孙权至者，张、李将军出战。乐将军守护军，勿得与战。

魏志张辽传。

赐袁涣家谷教

以太仓谷千斛，赐郎中令之家。

以垣下谷千斛，与曜卿家。

以太仓谷者，官法也；以垣下谷者，亲旧也。已上三教并魏志袁涣传。

沧海赋

览岛屿之所有。文选吴都赋刘逵注。

登台赋

引长明，灌街里。水经浊漳水注。

谢置旄头表

不悟陛下复加后命，命置旄头，以比东海。御览六百八十。

奏定制度

三公列侯,门施内外塾,方三十亩。御览一百八十五。

奏事

有警急,辄露版插羽。封氏闻见记四。

卷　二

置屯田令 当在初平兴平间㊀

夫定国之术,在于强兵足食。秦人以急农兼天下,孝武以屯田定西域,此先代之良式也。魏志武帝纪注引魏书。

㊀案兴屯田制在建安元年,此云"当在初平、兴平间",有误。

为徐宣议陈矫下令 当在建安二年后四年前

丧乱已来,风教凋薄,谤议之言,难用褒贬。自建安五年已前,一切勿论,其以断前诽议者,以其罪罪之。魏志陈矫传注引魏氏春秋。

褒赏令

别部司马请立齐桓公神堂，使记室阮瑀议之。北堂书钞六十九。

加枣祗子处中封爵并祀祗令 建安六年

故陈留太守枣祗，天性忠能。始共举义兵，周旋征讨。后袁绍在冀州，亦贪祗，欲得之。祗深附托于孤，使领东阿令。吕布之乱，兖州皆叛，惟范、东阿完在，由祗以兵据城之力也。后大军粮乏，得东阿以继，祗之功也。及破黄巾定许，得贼资业，当兴立屯田，时议者皆言当计牛输谷，佃科以定。施行后，祗白以为僦牛输谷，大收不增谷，有水旱灾除，大不便。反覆来说，孤犹以为当如故，大收不可复改易。祗犹执之，孤不知所从，使与荀令君议之。时故军祭酒侯声云："科取官牛，为官田计。如祗议，于官便，于客不便。"声怀此云云，以疑令君。祗犹自信，据计画还白，执分田之术。孤乃然之，使为屯田都尉，施设田业。其时岁则大收，后遂因此大田，丰足军用，摧灭群逆，克定天下，以隆王室，祗兴其功。不幸早没，追赠以郡，犹未副之。今重思之，祗宜受封，稽留至今，孤之过也。祗子处中，宜加封爵，以祀祗为不朽之事。魏志任峻传注引魏武故事。

军谯令 建安七年

吾起义兵，为天下除暴乱。旧土人民，死丧略尽，国中终日行，不见所识，使吾凄怆伤怀。其举义兵已来，将士绝无后者，求其亲戚以后之，授土[一]田，官给耕牛，置学师以教之。为存者立庙，使视其先人。魂而有灵，吾百年之后何恨哉！魏志武帝纪。

[一]百衲本三国志"土"作"上"。

败军令 建安八年

司马法："将军死绥。"故赵括之母，乞不坐括。是古之将者，军破于外，而家受罪于内也。自命将征行，但赏功而不罚罪，非国典也。其令诸将出征，败军者抵罪，失利者免官爵。魏志武帝纪。

论吏士行能令 建安八年

议者或以军吏虽有功能，德行不足堪任郡国之选，所谓"可与适道，未可与权。"管仲曰："使贤者食于能则上尊，斗士食于功则卒轻于死，二者设于国则天下治。"未闻无能之人，不斗之士，并受禄赏，而可以立功兴国者也。故明君不官无功之臣，不赏不战之士；治平尚德行，有事赏功能。论者之言，一似管窥虎欤！魏志武帝纪注引魏书。

修学令 建安八年

丧乱以来，十有五年，后生者不见仁义礼让之风，吾甚伤之。其令郡国各修文学，县满五百户置校官，选其乡之俊造而教学之，庶几先王之道不废，而有以益于天下。魏志武帝纪。

蠲河北租赋令 建安九年

河北罹袁氏之难，其令无出今年租赋！魏志武帝纪。

收田租令 建安九年

"有国有家者，不患寡而患不均，不患贫而患不安。"袁氏之治也，使豪强擅恣，亲戚兼并；下民贫弱，代出租赋，衒鬻家财，不足应命。审配宗族，至乃藏匿罪人，为逋逃主；欲望百姓亲附，甲兵强盛，岂可得邪！其收田租亩四升，户出绢二匹、绵二斤而已，他不得擅兴发。郡国守相明检察之，无令强民有所隐藏，而弱民兼赋也。魏志武帝纪注引魏书。

诛袁谭令 建安十年

敢哭之者，戮及妻子。魏志王修传注引傅子。

赦袁氏同恶及禁复雠厚葬令 建安十年

其与袁氏同恶者，与之更始。魏志武帝纪。

整齐风俗令 建安十年

阿党比周，先圣所疾也。闻冀州俗，父子异部，更相毁誉。昔直不疑无兄，世人谓之盗嫂；第五伯鱼三娶孤女，谓之挝妇翁；王凤擅权，谷永比之申伯；王商忠议，张匡谓之左道：此皆以白为黑，欺天罔君者也。吾欲整齐风俗，四者不除，吾以为羞。魏志武帝纪。

选举令

夫遣人使于四方，古人所慎择也。故仲尼曰："使乎使乎"，言其难也。初学记二十。

邺县甚大，一乡万数千户，兼人之吏，未易得也。书钞七十七。

闻小吏或有著巾帻。书钞七十七。

魏诸官印，各以官为名，印如汉法断二千石者章。

国家旧法，选尚书郎，取年未五十者，使文笔真草，有才能谨慎，典曹治事，起草立义，又以草呈示令仆讫，乃付令史书之耳。书讫，共省读内之。事本来台郎统之，令史不行知也。书之不好，令史坐之；至于谬误，读省者之责。若郎不能为文书，当御令史，是为牵牛不可以服箱，而当取辩于茧角也。御览二百十五。

今诏书省司隶官，钟校尉材智决洞，通敏先觉，可上请参军事，以辅暗政。御览二百四十九引魏武选令。

谚曰："失晨之鸡，思补更鸣。"昔季阐在白马，有受金取婢之罪，弃而弗问，后以为济北相，以其能故。御览四百九十六。

明罚令

闻太原、上党、西河、雁门，冬至后百五日皆绝火寒食，云为介子推。子胥沉江，吴人未有绝水之事，至于子推独为寒食，岂不偏乎？且北方沍寒之地，老少羸弱，将有不堪之患。令到，人不得寒食。若犯者，家长半岁刑，主吏百日刑，令长夺一月俸。艺文类聚四、御览二十八、又三十、又八百六十九。

求言令 建安十一年

夫治世御众，建立辅弼，诫在面从，诗称"听用我谋，庶无大悔"，斯实君臣恳恳之求也。吾充重任，每惧失中，频年以来，不闻嘉谋，岂吾开延不勤之咎邪？自今以后，诸掾属治中、别驾，常以月旦各言其失，吾将览焉。魏志武帝纪注引魏书。

自今诸掾属侍中、别驾，常以月朔各进得失，纸书函封，主者朝常给纸函各一。初学记二十一。

举泰山太守吕虔茂才令

夫有其志必成其事，盖烈士之所徇也。卿在郡以来，禽奸讨暴，百姓获安，躬蹈矢石，所征辄克。昔寇恂立名于汝、颍，耿弇建策于青、兖，古今一也。举茂才，加骑都尉典郡如故。魏志吕虔传。

辨卫臻不同朱越谋反论

孤与卿君同共举事，加钦令问。始闻越言，固自不信。及得荀令君书，具亮忠诚。魏志卫臻传。

封功臣令 建安十二年

吾起义兵，诛暴乱，于今十九年，所征必克，岂吾功哉？乃贤士大夫之力也。天下虽未悉定，吾当要与贤士大夫共定之；而专飨其劳，吾何以安焉！其促定功行封。魏志武帝纪。

下令大论功行封 建安十二年

忠正密谋，抚宁内外，文若是也。公达其次也。魏志荀攸传。

分租与诸将掾属令 建安十二年

昔赵奢、窦婴之为将也，受赐千金，一朝散之，故能济成大功，永世流声；吾读其文，未尝不慕其为人也。与诸将士大夫共从戎事，幸赖贤人不爱其谋，群士不遗其力，是以夷险平乱，而吾得窃大赏，户邑三万。追思窦婴散金之义，今分所受租与诸将掾属及故戍于陈、蔡者，庶以畴答众劳，不擅大惠也。宜差死事之孤，以租谷及之。若年殷用足，租奉毕入，将大与众人悉共飨之。魏志武帝纪注引魏书。

告涿郡太守令 建安十二年

故北中郎将卢植，名著海内，学为儒宗，士之楷模，乃国之桢干也。昔武王入殷，封商容之闾；郑丧子产，而仲尼陨涕。孤到此州，嘉其馀风。春秋之义，贤者之后，有异于人。敬遣丞掾修坟墓，并致薄醊，以彰厥德。魏志卢毓传注引续汉书。

听田畴谢封令

昔伯成弃国，夏后不夺，将欲使高尚之士，优贤之主，不止于一世也。其听畴所执。魏志田畴传注引魏书。

表刘琮令 建安十三年九月

楚有江、汉山川之险，后服先强，与秦争衡，荆州则其故地。刘镇南久用其民矣。身没之后，诸子鼎峙，虽终难全，犹可引日。青州刺史琮，心高志洁，智深虑广，轻荣重义，薄利厚德，蔑万里之业，忽三军之众，笃中正之体，敦令名之誉，上耀先君之遗尘，下图不朽之馀祚；鲍永之弃并州，窦融之离五郡，未足以喻也。虽封列侯一州之位，犹恨此宠未副其人；而比有牋求还州。监史虽尊，秩禄未优。今听所执，表琮为谏议大夫，参同军事。魏志刘表传注引魏武故事。

宣示孔融罪状令 建安十三年

太中大夫孔融既伏其罪矣，然世人多采其虚名，少于核实，见融浮艳，好作变异，眩其诳诈，不复察其乱俗也。此州人说平原祢衡受传融论，以为父母与人无亲，譬若瓶器，寄盛其中，又言若遭饥馑，而父不肖，宁赡活馀人。融违天反道，败伦乱理，虽肆市朝，犹恨其晚。更以此事列上，宣示诸军将校掾属，皆使闻见。魏志崔琰传注引魏氏春秋。

为张范下令

邴原名高德大，清规邈世，魁然而峙，不为孤用。闻张子颇欲学之，吾恐造之者富，随之者贫也。魏志邴原传注引原别传。

爵封田畴令

蓨令田畴，至节高尚，遭值州里戎夏交乱，引身深山，研精味道，百姓从之，以成都邑。袁贼之盛，命召不屈。慷慨守志，以徼真主。及孤奉诏征定河北，遂服幽都，将定胡寇，时加礼命。畴即受署，陈建攻胡蹊路所由，率齐山民，一时向化，开塞导送，供承使役，路近而便，令虏不意。斩蹋顿于白狼，遂长驱于柳城，畴有力焉。及军入塞，将图其功，表封亭侯，食邑五百，而畴恳恻，前后辞赏。出入三载，历年未赐，此为成一人之高，甚违王典，失之多矣。宜从表封，无久留吾过。魏志田畴传注引先贤行状。

存恤从军吏士家室令 建安十四年

自顷以来，军数征行，或遇疫气，吏士死亡不归，家室怨旷，百姓流离，而仁者岂乐之哉？不得已也。其令死者家无基业不能自存者，县官勿绝廪，长吏存恤抚循，以称吾意。魏志武帝纪。

以蒋济为扬州别驾令

季子为臣，吴宜有君。今君还州，吾无忧矣。魏志蒋济传。

辟蒋济为丞相主簿西曹属令

舜举皋陶，不仁者远。臧否得中，望于贤属矣。魏志蒋济传。

求贤令 建安十五年

自古受命及中兴之君，曷尝不得贤人君子与之共治天下者乎！及其得贤也，曾不出闾巷，岂幸相遇哉？上之人不求之耳。今天下尚未定，此特求贤之急时也。“孟公绰为赵、魏老则优，不可以为滕、薛大夫。”若必廉士而后可用，则齐桓其何以霸世！今天下得无有被褐怀玉而钓于渭滨者乎？又得无有盗嫂受金而未遇无知者乎？二三子其佐我明扬仄陋，唯才是举，吾得而用之。魏志武帝纪。

让县自明本志令 建安十五年

孤始举孝廉，年少，自以本非岩穴知名之士，恐为海内人之所见凡愚，欲为一郡守，好作政教以建立名誉，使世士明知之；故在济南，始除残去秽，平心选举，违迕诸常侍。以为强豪所忿，恐致家祸，故以病还。去官之后，年纪尚少，顾视同岁中，年有五十，未名为老，内自图之，从此却去二十年，待天下清，乃与同岁中始举者等耳。故以四时归乡里，于谯东五十里筑精舍，欲秋夏读书，冬春射猎，求底下之地，欲以泥水自蔽，绝宾客往来之望，然不能得如意。后征为都尉，迁典军校尉，意遂更欲为国家讨贼立功，欲望封侯作征西将军，然后题墓道言"汉故征西将军曹侯之墓"，此其志也。而遭值董卓之难，兴举义兵。是时合兵能多得耳，然常自损，不欲多之；所以然者，多兵意盛，与强敌争，倘更为祸始。故汴水之战数千，后还到扬州更募，亦复不过三千人，此其本志有限也。后领兖州，破降黄巾三十万众。又袁术僭号于九江，下皆称臣，名门曰建号门，衣被皆为天子之制，两妇预争为皇后。志计已定，人有劝术使遂即帝位，露布天下，答言"曹公尚在，未可也"。后孤讨禽其四将，获其人众，遂使术穷亡解沮，发病而死。及至袁绍据河北，兵势强盛，孤自度势，实不敌之，但计投死为国，以义灭身，足垂于后。幸而破绍，枭其二子。又刘表自以为宗室，包藏奸心，乍前乍却，以观世事，据有当州。孤复定之，遂平天下。身为宰相，人臣之贵已极，意望已过矣。今孤言此，若为自大，欲人言尽，故无讳耳。设使国家无有孤，不知当几人称帝，几人称王。或者人见孤强盛，又性不信天命之事，恐私心相评，言有不逊之志，妄相忖度，每用耿耿。齐桓、晋文所以垂称至今日者，以其兵势广大，犹能奉事周室也。论语云："三分天下有其二，以服事殷，周之德可谓至德矣。"夫能以大事小也。昔乐毅走赵，赵王欲与之图燕。乐毅伏而垂泣，对曰："臣事昭王，犹事大王；臣若获戾，放在他国，没世然后已，不忍谋赵之徒隶，况燕后嗣乎！"胡亥之杀蒙恬也，恬曰："自吾先人及至子孙，积信于秦三世矣；今臣将兵三十馀万，其势足以背叛，然自知必死而守义者，不敢辱先人之教以忘先王也。"孤每读此二人书，未尝不怆然流涕也。孤祖父以至孤身，皆当亲重之任，可谓见信者矣，以及子桓兄弟，过于三世矣。孤非徒对诸君说此也，常以语妻妾，皆令深知此意。孤谓之言："顾我万年之后，汝曹皆当出嫁，欲令传道我心，使它人皆知之。"孤此言皆肝鬲之要也。所以勤勤恳恳叙心腹者，见周公有金縢之书以自明，恐人不信之故。然欲孤便尔委捐所典兵众，以还执事，归就武平侯国，实不可也。何者？诚恐已离兵为人所祸也。既为子孙计，又已败则国家倾危，是以不得慕虚名而处实祸，此所不得为也。前朝恩封三子为侯，固辞不受，今更欲受之，非欲复以为荣，欲以为外援为万安计。孤闻介推之避晋封，申胥之逃楚赏，未尝不舍书而叹，有以自省也。奉国威灵，仗钺征伐，推弱以克强，处小而禽大，意之所图，动无违事，心之所虑，何向不济，遂荡平天下，不辱主命，可谓天助汉室，非人力也。然封兼四县，食户三万，何德堪之！江湖未静，不可让位；至于邑土，可得而辞。今上还阳夏、柘、苦三县户二万，但食武平万户，且以分损谤议，少减孤之责也。魏志武帝纪注引魏武故事。

转邴原五官长史令 建安十六年

子弱不才，惧其难正，贪欲相屈，以匡励之。虽云利贤，能不恧恧！魏志邴原传注。

下令增杜畿秩 建安十六年

河东太守杜畿，孔子所谓“禹吾无间然矣”。增秩中二千石。魏志杜畿传。

陇右平定下令

姜叙之母，明智乃尔，虽杨敞之妻，盖不过也。御览四百四十一引皇甫谧列女传。

止省东曹令

日出于东，月盛于东，凡人言方，亦复先东，何以省东曹？

魏志毛玠传。

辞九锡令 建安十八年

夫受九锡，广开土宇，周公其人也。汉之异姓八王者，与高祖俱起布衣，创定王业，其功至大，吾何可比之？魏志武帝纪注引魏书。

以高柔为理曹掾令

夫治定之化，以礼为首；拨乱之政，以刑为先。是以舜流四凶族，皋陶作士；汉祖除秦苛法，萧何定律。掾清识平当，明于宪典，勉恤之哉！魏志高柔传。

复肉刑令

安得通理君子达于古今者，使平斯事乎！昔陈鸿胪以为死刑有可加于仁恩者，正谓此也。御史中丞能申其父之论乎！魏志陈群传。

以杜畿为尚书仍镇河东令

昔萧何定关中，寇恂平河内，卿有其功。间将授卿以纳言之职，顾念河东，吾股肱郡，充实之所，足以制天下，故且烦卿卧镇之。魏志杜畿传。

与和洽辩毛玠谤毁令

今言事者白玠不但谤吾也，乃复为崔琰觖望。此损君臣恩义，妄为死友怨叹，殆不可忍也。昔萧、曹与高祖并起微贱，致功立勋，高祖每在屈笮，二相恭顺，臣道益彰，所以祚及后世也。和侍中比求实之，所以不听，欲重参之耳。魏志和洽传。

悼荀攸下令

孤与荀公达周游二十馀年，无毫毛可非者。魏志荀攸传注引魏书。

荀公达真贤人也，所谓“温良恭俭让以得之”。孔子称“晏平仲善与人交，久而敬之”，公达即其人也。同上。

夏侯渊平陇右令 建安十九年

宋建造为乱逆三十馀年，渊一举灭之，虎步关右，所向无前。仲尼有言：“吾与尔不如也。”魏志夏侯渊传。

敕有司取士毋废偏短令 建安十九年

夫有行之士，未必能进取，进取之士，未必能有行也。陈平岂笃行，苏秦岂守信邪？而陈平定汉业，苏秦济弱燕。由此言之，士有偏短，庸可废乎！有司明思此义，则士无遗滞，官无废业矣。魏志武帝纪。

选军中典狱令 建安十九年

夫刑，百姓之命也。而军中典狱者或非其人，而任以三军死生之事，吾甚惧之。其选明达法理者，使持典刑。魏志武帝纪。

春祠令 建安二十一年

议者以为祠庙上殿当解履，吾受锡命，带剑不解履上殿，今有事于庙而解履，是尊先公而替王命，敬父祖而简君主，故吾不敢解履上殿也。又临祭就洗，以手拟水而不盥。夫盥以洁为敬，未闻拟而不盥之礼，且"祭神如神在"，故吾亲受水而盥也。又降神礼讫，下阶就幕而立，须奏乐毕竟，似若不衎魏志误作"愆"，今从文馆词林。烈祖，迟祭不速讫也，故吾坐俟乐阕送神乃起也。受胙纳袖，魏志误作"神"，下文"纳于袖"亦误作"神"，今从文馆词林。以授侍中，此为敬恭不终实也，古者亲执祭事，故吾亲纳于袖，终抱而归也。仲尼曰："虽违众,吾从下”,诚哉斯言也。魏志武帝纪注引魏书。又文馆词林六百九十五。

诸儿令

今寿春、汉中、长安,先欲使一儿各往督领之,欲择慈孝不违吾令,亦未知用谁也。儿虽小时见爱,而长大能善,必用之。吾非有二言也,不但不私臣吏,儿子亦不欲有所私。御览四百二十九。

赐死崔琰令

琰虽见刑,而通宾客,门若市人,对宾客虬须直视,若有所瞋。魏志崔琰传。

赐夏侯惇伎乐名倡令 建安二十一年

魏绛以和戎之功,犹受金石之乐,况将军乎!魏志夏侯惇传。

又下诸侯长史令

诸侯长史及帐下吏,知吾出,辄将诸侯行意否。从子建私开司马门来,吾都不复信诸侯也。恐吾适出,便复私出,故摄将行，不可恒使吾尔谁为心腹也。魏志陈思王植传注引魏武故事。

举贤勿拘品行令 建安二十二年

昔伊挚、傅说出于贱人，管仲，桓公贼也，皆用之以兴。萧何、曹参，县吏也，韩信、陈平负污辱之名，有见笑之耻，卒能成就王业，声著千载。吴起贪将，杀妻自信，散金求官，母死不归，然在魏，秦人不敢东向，在楚则三晋不敢南谋。今天下得无有至德之人放在民间，及果勇不顾，临敌力战；若文俗之吏，高才异质，或堪为将守；负污辱之名，见笑之行，或不仁不孝而有治国用兵之术：其各举所知，勿有所遗。魏志武帝纪注引魏书。

立太子令

告子文：汝等悉为侯，而子桓独不封，而为五官中郎将，此是太子可知矣。御览二百四十一引魏武令。

下田畴令

田子泰非吾所宜吏者。魏志田畴传。

高选诸子掾属令

侯家吏，宜得渊深法度如邢颙辈。魏志邢颙传。

曹植私出开司马门下令

始者谓子建，儿中最可定大事。魏志陈思王植传注引魏武故事。

自临菑侯植私出开司马门至金门，令吾异目视此儿矣。同上。

卷　三

使辛毗曹休参治下辨令 建安二十二年

昔高祖贪财好色，而良、平匡其过失，今佐治、文烈忧不轻矣。魏志辛毗传。

敕王必领长史令 建安二十三年

领长史王必，是吾披荆棘时吏也。忠能勤事，心如铁石，国之良吏也。蹉跌久未辟之，舍骐骥而弗乘，焉遑遑而更求哉？故教辟之，已署所宜，便以领长史统事如故。魏志武帝纪注引魏武故事。

赡给灾民令 建安二十三年

去冬天降疫疠，民有凋伤，军兴于外，垦田损少，吾甚忧之。其令吏民男女：女年七十已上无夫子，若年十二已下无父母兄弟，及目无所见，手不能作，足不能行，而无妻子父兄产业者，廪食终身。幼者至十二止。贫穷不能自赡者，随口给贷。老耄须待养者，年九十已上，复不事家一人。魏志武帝纪注引魏书。

终令 宋志引题如此 建安二十三年

古之葬者，必居瘠薄之地。其规西门豹祠西原上为寿陵，因高为基，不封不树。周礼，冢人掌公墓之地，凡诸侯居左右以前，卿大夫居后，汉制亦谓之陪陵。其公卿大臣列将有功者，宜陪寿陵，其广为兆域，使足相容。魏志武帝纪。

假徐晃节令

此阁道，汉中之险要咽喉也。刘备欲断绝外内以取汉中，将军一举克夺贼计，善之善者也。魏志徐晃传。

原刘廙令

叔向不坐弟虎，古之制也。特原不问。魏志刘廙传。

以徐奕为中尉令

昔楚有子玉，文公为之侧席而坐；汲黯在朝，淮南为之折谋。诗称“邦之司直”，君之谓与！魏志徐奕传。

劳徐晃令

贼围堑鹿角十重，将军致战全胜，遂陷贼围，多斩首虏。吾用兵三十馀年，及所闻古之善用兵者，未有长驱径入敌围者也。且樊、襄阳之在围，过于莒、即墨，将军之功，逾孙武、穰苴。魏志徐晃传。

追称丁幼阳令

昔吾同县有丁幼阳者，其人衣冠良士，又学问材器，吾爱之。后以忧恚得狂病，即差愈，往来故当共宿止。吾常遣归，谓之曰：“昔狂病，傥发作持兵刃，我畏汝。”俱共大笑，辄遣不与共宿。御览七百三十九。

内诫令

平参王作问大人语元盈言卒位，[一]上设青布帐，教撤去，以为大人自可施帐，当令君臣上下悉共见。书钞一百三十二。

孤不好鲜饰严具，所用杂新皮韦笥，以黄韦缘中。遇乱无韦笥，乃作方竹严具，以帛衣粗布作里，此孤之平常所用也。书钞一百三十六。

百炼利器，以辟不祥，摄服奸宄者也。御览三百四十五。

吾衣被皆十岁也，岁岁解浣补纳之耳。御览八百十九。

今贵人位为贵人，金印蓝绂，女人爵位之极。御览六百九十一。

吏民多制文绣之服，履丝不得过绛紫金黄丝织履。前于江陵得杂彩丝履，以与家，约当著尽此履，不得效作也。御览六百九十七。

孤有逆气病，常储水卧头。以铜器盛，臭恶，前以银作小方器。人不解，谓孤喜银物，令以木作。御览七百五十六。

昔天下初定，吾便禁家内不得香熏。后诸女配国家为其香，因此得烧香。吾不好烧香，恨不遂所禁，今复禁不得烧香，其以香藏衣著身亦不得。御览九百八十一。

房室不洁，听得烧枫胶及蕙草。御览九百八十二。

㊀孔广陶书钞校注云："平参以下十三字，舛脱不可句。"

礼让令

里谚曰："让礼一寸，得礼一尺"，斯合经之要矣。御览四百二十四。

辞爵逃禄，不以利累名，不以位亏德之谓让。艺文类聚二十一引魏武帝杂事。

清时令

今清时,但当尽忠于国,效力王事,虽私结好于他人,用千匹绢,万石谷,犹无所益。

百辟刀令

往岁作百辟刀五枚适成,先以一与五官将。其馀四,吾诸子中有不好武而好文学,将以次与之。艺文类聚六十。

鼓吹令

孤所以能常以少兵敌众者,常念增战士,忽馀事。是以往者有鼓吹而使步行,为战士爱马也;不乐多署吏,为战士爱粮也。御览五百六十七。

戒饮山水令

凡山水甚强寒,饮之皆令人痢。御览七百四十三。

军策令

孤先在襄邑,有起兵意,与工师共作卑手刀。时北海孙宾硕来候孤，讥孤曰：“当慕其大者，乃与工师共作刀耶？”孤答曰：“能小复能大，何苦！”书钞一百二十三、御览三百四十六。

袁本初铠万领，吾大铠二十领；本初马铠三百具，吾不能有十具。见其少遂不施也，吾遂出奇破之。是时士卒精练，不与今时等也。御览三百五十六。

夏侯渊今月贼烧却鹿角。鹿角去本营十五里，渊将四百兵行鹿角，因使士补之。贼山上望见，从谷中卒出，渊使兵与斗，贼遂绕出其后，兵退而渊未至，甚可伤。渊本非能用兵也，军中呼为“白地将军”，为督帅尚不当亲战，况补鹿角乎。御览三百三十七。

军令

吾将士无张弓弩于军中，其随大军行，其欲试调弓弩者，得张之，不得著箭。犯者鞭二百，没入。吏不得于营中屠杀卖之，犯令，没所卖，及都督不纠白，杖五十。始出营，竖矛戟，舒幡旗，鸣鼓，行三里，辟矛戟，结幡旗，止鼓。将至营，舒幡旗，鸣鼓，至营讫，复结幡旗，止鼓。违令者髡翦以徇。军行，不得斫伐田中五果桑柘棘枣。通典一百四十九。

船战令

雷鼓一通，吏士皆严；再通，什伍皆就船。整持橹棹，战士各持兵器就船，各当其所。幢幡旗鼓，各随将所载船。鼓三通鸣，大小战船以次发，左不得至右，右不得至左，前后不得易。违令者斩。通典一百四十九。

步战令

严鼓一通，步骑士悉装；再通，骑上马，步结屯；三通，以次出之，随幡所指。住者结屯幡后，闻急鼓音整陈，斥候者视地形广狭，从四角而立表，制战陈之宜。诸部曲者，各自安部陈兵疏数，兵曹举白。不如令者斩。兵若欲作陈对敌营，先白表，乃引兵就表而陈。临陈皆无讙哗，明听鼓音，旗幡麾前则前，麾后则后，麾左则左，麾右则右。麾不闻令，而擅前后左右者斩。伍中有不进者，伍长杀之；伍长有不进者，什长杀之；什长有不进者，都伯杀之。督战部曲将，拔刃在后，察违令不进者斩之。一部受敌，馀部不进救者斩。临战兵弩不可离陈。离陈，伍长什长不举发，与同罪。无将军令，妄行陈间者斩。临战，陈骑皆当在军两头；前陷，陈骑次之，游骑在后。违命髡鞭二百。兵进，退入陈间者斩。若步骑与贼对陈，临时见地势，便欲使骑独进讨贼者，闻三鼓音，骑特从两头进战，视麾所指，闻三金音还。此但谓独进战时也。其步骑大战，进退自如法。吏士向陈骑驰马者斩。吏士有妄呼大声者斩。追贼不得独在前在后，犯令者罚金四两。士将战，皆不得取牛马衣物。犯令者斩。进战，士各随其号。不随号者，虽有功不赏。进战，后兵出前，前兵在后，虽有功不赏。临陈，牙门将骑督明受都令，诸部曲都督将吏士，各战时校督部曲，督住陈后，察凡违令畏懦者。□有急，闻雷鼓音绝后，六音严毕，白辨便出。卒逃归，斩之。一日家人弗捕执，及不言于吏，尽与同罪。通典一百四十九、又御览二百九十六、三百节引作军令。

与皇甫隆令

闻卿年出百岁，而体力不衰，耳目聪明，颜色和悦，此盛事也。所服食施行导引，可得闻乎？若有可传，想可密示封内。千金方卷八十一。

遗令 建安二十五年

吾夜半觉小不佳，至明日饮粥汗出，服当归汤。吾在军中持法是也，至于小忿怒，大过失，不当效也。天下尚未安定，未得遵古也。吾有头病，自先著帻，吾死之后，持大服如存时，勿遗。百官当临殿中者，十五举音，葬毕便除服；其将兵屯戍者，皆不得离屯部；有司各率乃职。敛以时服，葬于邺之西冈上，与西门豹祠相近，无藏金玉珍宝。吾婢妾与伎人皆勤苦，使著铜雀台，善待之。于台堂上安六尺床，施繐帐，朝晡上脯糒之属，月旦十五日，自朝至午，辄向帐中作伎乐。汝等时时登铜雀台,望吾西陵墓田。馀香可分与诸夫人,不命祭。诸舍中无所为,可学作组履卖也。吾历官所得绶,皆著藏中。吾馀衣裘,可别为一藏,不能者兄弟可共分之。魏志武帝纪、宋书礼志二、世说言语篇注、文选陆机吊魏武文序、通典八十、书钞一百三十二、御览五百、又五百六十、又六百八十七、又六百九十七、六百九十九、八百二十、又八百五十九。

下州郡

昔仲尼之于颜子,每言不能不叹,既情爱发中,又宜率马以骥。今吾亦冀众人仰高山,慕景行也。魏志杜畿传注引杜氏新书。

拒王芬辞

夫废立之事,天下之至不祥也。古人有权成败、计轻重而行之者,伊尹、霍光是也。伊尹怀至忠之诚,据宰臣之势,处官司之上,故进退废置,计从事立。及至霍光受托国之任,藉宗臣之位,内因太后秉政之重,外有群卿同欲之势;昌邑即位日浅,未有贵宠,朝乏谠臣,议出密近:故计行如转圜,事成如摧朽。今诸君徒见曩者之易,未睹当今之难。诸君自度:结众连党,何若七国?合肥之贵,孰若吴、楚?而造作非常,欲望必克,不亦危乎!魏志武帝纪注引魏书。

遗荀攸书 建安元年

方今天下大乱，智士劳心之时也。而顾观变蜀汉，不已久乎！魏志荀攸传。

手书与吕布

山阳屯送将军所失大封。国家无好金，孤自取家好金更相为作印，国家无紫绶，自取所带紫绶以籍心。将军所使不良。袁术称天子，将军止之，而使不通章。朝廷信将军，使复重上，以相明忠诚。魏志张邈传注引英雄记。

与荀彧书 建安三年

贼来追吾，虽日行数里，吾策之，到安众，破绣必矣。魏志武帝纪。

自志才亡后，莫可与计事者，汝、颍固多奇士，谁可以继之？魏志郭嘉传。

与君共事已来，立朝廷，君之相为匡弼，君之相为举人，君之相为建计，君之相为密谋，亦已多矣。夫功未必皆野战也，愿君勿让。魏志荀彧传注引彧别传。

与荀彧书追伤郭嘉

郭奉孝年不满四十，相与周旋十一年，险阻艰难，皆共罹之。又以其通达，见世事无所疑滞，欲以后事属之。何意卒尔失之，悲痛伤心！今表增其子满千户，然何益亡者！追念之感深。且奉孝乃知孤者也，天下人相知者少，又以此痛惜，奈何奈何！魏志郭嘉传注引傅子。

追惜奉孝，不能去心。其人见时事兵事，过绝于人；又人多畏病，南方有疫，常言吾往南方，则不生还。然与共论计，云当先定荆。此为不但见计之忠厚，必欲立功分，弃命定事。人心乃尔，何得使人忘之！魏志郭嘉传注引傅子。

与钟繇书

得所送马，甚应其急。关右平定，朝廷无西顾之忧，足下之勋也。昔萧何镇守关中，足食成军，亦适当尔。魏志钟繇传。

手书答朱灵

兵中所以为危险者，外对敌国，内有奸谋不测之变。昔邓禹中分光武军西行，而有宗歆、冯愔之难，后将二十四骑还洛阳。禹岂以是减损哉！来书恳恻，多引咎过，未必如所云也。魏志徐晃传注引魏书。

与王修书

君澡身浴德，流声本州，忠能成绩，为世美谈，名实相副，过人甚远。孤以心知君，至深至熟，非徒耳目而已也。察观先贤之论，多以盐铁之利，足赡军国之用。昔孤初立司金之官，念非屈君，馀无可者。故与君教曰："昔遏父陶正，民赖其器用，及子妫满，建侯于陈；近桑弘羊，位至三公。此君元龟之兆先告者也。"是孤用君之本言㊀也，或恐众人未晓此意。自是以来，在朝之士，每得一显选，常举君为首，及闻袁军师众贤之议，以为不宜越君。然孤执心将有所底，以军师之职，闲于司金，至于建功，重于军师。孤之精诚，足以达君；君之察孤，足以不疑。但恐旁人浅见，以蠡测海，为蛇画足，将言前后百选，辄不用之，而使此君沉滞冶官。张甲李乙，尚犹先之，此主人意待之不优之效也。孤惧有此空声冒实，淫蛙乱耳。假有斯事，亦庶钟期不失听也；若其无也，过备何害！昔宣帝察少府萧望之才任宰相，故复出之，令为冯翊。从正卿往，似于左迁。上使侍中宣意曰："君守平原日浅，故复试君三辅，非有所间也。"孤揆先主中宗之意，诚备此事。既君崇勋业以副孤意。公叔文子与臣俱升，独何人哉！魏志王修传注引魏略。

㊀张溥汉魏六朝百三家集本魏武帝集"言"作"意"。

与孙权书

近者奉辞伐罪，旄麾南指，刘琮束手。今治水军八十万众，方与将军会猎于吴。吴志孙权传注引江表传。

赤壁之役，值有疾病，孤烧船自退，横使周瑜虚获此名。吴志周瑜传注引江表传。

手书与阎行

观文约所为，使人笑来。吾前后与之书，无所不说，如此何可复忍！卿父谏议，自平安也。虽然，牢狱之中，非养亲之处，且又官家亦不能久为人养老也。魏志张既传注引魏略。

报蒯越书 建安十九年

死者反生，生者不愧。孤少所举，行之多矣。魂而有灵，亦将闻孤此言也。魏志刘琮传注引傅子。

与太尉杨彪书

操白：与足下同海内大义，足下不遗，以贤子见辅。比中国虽靖，方外未夷，今军征事大，百姓骚扰。吾制钟鼓之音，主簿宜守。而足下贤子，恃豪父之势，每不与吾同怀，即欲直绳,顾颇恨恨。谓其能改,遂转宽舒,复即宥贷,将延足下尊门大累,便令刑之。念卿父息之情,同此悼楚,亦未必非幸也。今赠足下锦裘二领,八节银角桃杖一枚,青毡床褥三具,官绢五百匹,钱六十万,画轮四望通幰七香车一乘,青牸牛二头,八百里骅骝马一匹,赤戎金装鞍辔十副,铃毦一具,驱使二人,并遗足下贵室错彩罗縠裘一领,织成靴一量,有心青衣二人,长奉左右。所奉虽薄,以表吾意。足下便当慨然承纳,不致往返。古文苑,又略见书钞一百三十三、一百三十四、御览三百四十一、四百七十八、又七百七十五。

答袁绍 初平元年

董卓之罪,暴于四海,吾等合大众,兴义兵,而远近莫不响应,此以义动故也。今幼主微弱,制于奸臣,未有昌邑亡国之衅,而一旦改易,天下其孰安之?诸君北面,我自西向。魏志武帝纪注引魏书。

报荀彧

君之策谋,非但所表二事。前后谦冲,欲慕鲁连先生乎?此圣人达节者所不贵也。昔介子推有言:“窃人之财,犹谓之盗。”况君密谋安众,光显于孤者以百数乎!以二事相还而复辞之,何取谦亮之多邪!魏志荀彧传注引彧别传。

杨阜让爵报

君与群贤共建大功，西土之人，以为美谈。子贡辞赏，仲尼谓之止善，君其剖心以顺国命。姜叙之母，劝叙早发，明智乃尔，虽杨敞之妻，盖不过此，贤哉贤哉！良史纪录，必不坠于地矣。魏志杨阜传。

报刘廙 建安二十年

非但君当知臣，臣亦当知君。今欲使吾坐行西伯之德，恐非其人也。魏志刘廙传。

孙子序 按太平御览作孙子兵法序

操闻上古有孤矢之利，论语曰"足兵"，御览"足兵"上有"足食"二字。尚书八政曰"师"，易曰："师贞丈人吉"，诗曰："王赫斯怒，爰征其旅"，黄帝、汤、武咸用干戚以济世也。司马法曰："人故杀人，杀之可也。"恃武者灭，恃文者亡，二"恃"字，御览皆作"用"。夫差、偃王是也。圣人之用兵，御览作"圣贤之于兵也"。戢而时动，不得已而用之。吾观兵书战策多矣，孙武所著深矣。孙子者，齐人也，名武，为吴王阖闾作兵法一十三篇，试之妇人，卒以为将，西破强楚入郢，北威齐、晋。后百岁馀有孙膑，是武之后也。自"孙子者"以下五十字，据御览补。按史记正义引魏武帝注云:“孙子者,齐人,事于吴王阖闾,为吴将,作兵法十三篇。”正义所引,即谓此文也。审计重举,明画深图,不可相诬。而但世人未之深亮训说,况文烦富,行于世者,失其旨要,故撰为略解焉。岱南阁丛书本孙子十家注。

戒子植

吾昔为顿丘令,年二十三。思此时所行,无悔于今。今汝年亦二十三矣,可不勉欤!魏志陈思王植传,又御览四百五十九引曹植别传。

四时食制

郫县子鱼,黄鳞赤尾,出稻田,可以为酱。御览九百三十六。

鱛,一名黄鱼,大数百斤,骨软可食,出江阳、犍为。御览九百三十六。

蒸鲇。御览九百三十七。

东海有大鱼如山,长五六里,谓之鲸鲵,次有如屋者。时死岸上,膏流九顷。其须长一丈。广三尺,厚六寸,瞳子如三升碗,大骨可为矛矜。御览九百三十八。

海牛鱼皮生毛,可以饰物,出扬州。御览九百三十九。

望鱼侧如刀,可以刈草,出豫章明都泽。御览九百三十九。

萧拆鱼,海之乾鱼也。御览九百三十九。

鲟鲟鱼黑色，大如百斤猪，黄肥不可食，数枚相随，一浮一沉。一名敷，常见首，出淮及五湖。御览九百三十九。

蕃逾鱼如鳖，大如箕，甲上边有髯，无头，口在腹下，尾长数尺有节，有毒螫人。御览九百三十九。

发鱼带发如妇人，白肥无鳞，出滇池。御览九百四十。

蒲鱼，其鳞如粥，出郫县。御览九百四十。

疏齿鱼，味如猪肉，出东海。御览九百四十。

斑鱼，头中有石如珠，出北海。御览九百四十。

鳣鱼，大如五斗奁，长丈，口颔下。常三月中从河上；常于孟津捕之，黄肥，唯以作酢。淮水亦有。初学记三十。

题识送终衣奁

有不讳，随时以敛。金珥珠玉铜铁之物，一不得送。通典七十九。

祀故太尉桥玄文 建安七年

故太尉桥公，诞敷明德，泛爱博容。国念明训，士思令谟。灵幽体翳，邈哉晞矣！吾以幼年逮升堂室，特以顽鄙之姿，为大君子所纳。增荣益观，皆由奖助，犹仲尼称不如颜渊，李生之厚叹贾复。士死知己，怀此无忘。又承从容约誓之言："殂逝之后，路有经由，不以斗酒只鸡过相沃酹，车过三步，腹痛勿怪。”虽临时戏笑之言，非至亲之笃好，胡肯为此辞乎？匪谓灵忿，能诒己疾，旧怀惟顾，念之凄怆。奉命东征，屯次乡里，北望贵土，乃心陵墓。裁致薄奠，公其尚飨！魏志武帝纪注引褒赏令。

在阳平将还师令 建安二十四年

鸡肋。魏志武帝纪注引九州春秋。

选留府长史令

释骐骥而不乘，焉皇皇而更索。魏志杜袭传。

遣徐商吕建等诣徐晃令

须兵马集至，乃俱前。魏志徐晃传。

造发石车令

传言旝动而鼓。本注云，说文曰：“旝，发石车也。”御览三百三十七引魏武本纪。

营缮令

诸私家不得有艨冲等船。御览七百七十，不载姓名，今姑附此，俟考。

下荆州书 建安十三年

不喜得荆州，喜得蒯异度耳。魏志刘表传注引傅子。

与诸葛亮书

今奉鸡舌香五斤，以表微意。

报荀彧

微足下之相难，所失多矣。水经湍水注。

绣遏吾归师，迫我死地。水经湍水注。

家传

曹叔振铎之后。魏志蒋济传注。

兵书要略

衔枚无讙哗，唯令之从。㊀御览三百五十七。

㊀案四部丛刊影宋本及清光绪刻本太平御览均云引自魏文帝兵书要略。

兵法

太白已出高，贼鱼入人境，可击必胜，去勿追，虽见其利，必有后害。开元占经四十五。

失题

好学明经。书钞十二引魏武帝集。

附　录

为曹公作书与孙权

阮　瑀

离绝以来，于今三年，无一日而忘前好，亦犹姻媾之义，恩情已深，违异之恨，中间尚浅也。孤怀此心，君岂同哉？每览古今所由改趣，因缘侵辱，或起瑕衅，心忿意危，用成大变。若韩信伤心于失楚,彭宠积望于无异,卢绾嫌畏于已隙,英布忧迫于情漏,此事之缘也。孤与将军恩如骨肉,割授江南,不属本州,岂若淮阴捐旧之恨;抑遏刘馥,相厚益隆,宁放朱浮显露之奏;无匿张胜贷故之变,匪有阴构贲赫之告,固非燕王、淮南之衅也。而忍绝王命,明弃硕交,实为佞人所构会也。夫似是之言,莫不动听;因形设象,易为变观。示之以祸难,激之以耻辱,大丈夫雄心,能无愤发。昔苏秦说韩,羞以牛后;韩王按剑,作色而怒;虽兵折地割,犹不为悔,人之情也。仁君年壮气盛,绪信所嬖,既惧患至,兼怀忿恨,不能复远度孤心,近虑事势,遂赍见薄之决计,秉翻然之成议;加刘备相扇扬,事结衅连,推而行之,想畅本心,不愿于此也。孤之薄德,位高任重,幸蒙国朝将泰之运,荡平天下,怀集异类,喜得全功,长享其福;而姻亲坐离,厚援生隙,常恐海内多以相责,以为老夫苞藏祸心,阴有郑武取胡之诈,乃使仁君翻然自绝,以是忿忿,怀惭反侧。常思除弃小事,更申前好,二族俱荣,流祚后嗣,以明雅素中诚之效,抱怀数年,未得散意。昔赤壁之役,遭离疫气,烧舡自还,以避恶地,非周瑜水军所能抑挫也;江陵之守,物尽谷殚,无所复据,徙民还师,又非瑜之所能败也。荆土本非己分,我尽与君,冀取其馀,非相侵肌肤,有所割损也。思计此变,无伤于孤,何必自遂于此,不复还之。高帝设爵以延田横,光武指河而誓朱鲔,君之负累,岂如二子?是以至情,愿闻德音。往年在谯,新造舟舡,取足自载，以至九江，贵欲观湖漅之形，定江滨之民耳；非有深入攻战之计，将恐议者大为己荣，自谓策得，长无西患，重以此故，未肯回情。然智者之虑，虑于未形；达者所规，规于未兆。是故子胥知姑苏之有麋鹿，辅果识智伯之为赵禽；穆生谢病，以免楚难；邹阳北游，不同吴祸。此四士者，岂圣人哉？徒通变思深，以微知著耳。以君之明，观孤术数，量君所据，相计土地，岂势少力乏，不能远举，割江之表，晏安而已哉？甚未然也。若恃水战，临江塞要，欲令王师终不得渡，亦未必也。夫水战千里，情巧万端，越为三军，吴曾不御；汉潜夏阳，魏豹不意。江河虽广，其长难卫也。凡事有宜，不得尽言，将修旧好而张形势，更无以威胁重敌人。然有所恐，恐书无益。何则？往者军逼而自引还，今日在远而兴慰纳，辞逊意狭，谓其力尽，适以增骄，不足相动，但明效古，当自图之耳。昔淮南信左吴之策，汉隗嚣纳王元之言，彭宠受亲吏之计，三夫不寤，终为世笑；梁王不受诡、胜，窦融斥逐张玄，二贤既觉，福亦随之；愿君少留意焉。若能内取子布，外击刘备，以效赤心，用复前好，则江表之任，长以相付，高位重爵，坦然可观，上令圣朝无东顾之劳，下令百姓保安全之福，君享其荣，孤受其利，岂不快哉！若忽至诚，以处侥幸，婉彼二人，不忍加罪，所谓小人之仁，大仁之贼，大雅之人，不肯为此也。若怜子布，愿言俱存，亦能倾心去恨，顺君之情，更与从事，取其后善，但禽刘备，亦足为效。开设二者，审取一焉。闻荆、扬诸将，并得降者，皆言交州为君所执，豫章距命，不承执事，疫旱并行，人兵减损，各求进军，其言云云。孤闻此言，未以为悦。然道路既远，降者难信，幸人之灾，君子不为；且又百姓国家之有，加怀区区，乐欲崇和，庶几明德，来见昭副，不劳而定，于孤益贵，是故按兵守次，遣书致意。古者兵交，使在其中，愿仁君及孤，虚心回意，以应诗人补衮之叹，而慎周易牵复之义。濯鳞清流，飞翼天衢，良时在兹，勖之而已。文选四十二。

为曹公与刘备书

阮 瑀

披怀解带，投分托意。文选二十潘岳金谷集作诗注。

为曹公与孔融书

路 粹

盖闻唐、虞之朝，有克让之臣，故麟凤来而颂声作也。后世德薄，犹有杀身为君，破家为国。及至其敝，睚眦之怨必雠，一餐之惠必报，故鼌错念国，遘祸于袁盎；屈平悼楚，受谮于椒、兰；彭宠倾乱，起自朱浮；邓禹威损，失于宗、冯。繇此言之，喜怒怨爱，祸福所因，可不慎欤！昔廉、蔺小国之臣,犹能相下;寇、贾仓卒武夫,屈节崇好。光武不问伯升之怨,齐侯不疑射钩之虏。夫立大操者,岂累细故哉!往闻二君有执法之平,以为小介,当收旧好。而怨毒渐积,志相危害,闻之抚然中夜而起!昔国家东迁,文举盛叹鸿豫名实相副,综达经学,出于郑玄,又明司马法;鸿豫亦称文举奇逸博闻。诚怪今者与始相违。孤与文举既非旧好,又于鸿豫亦无恩纪,然愿人之相美,不乐人之相伤,是以区区思协欢好。又知二君群小所构,孤为人臣,进不能风化海内,退不能建德和人,然抚养战士,杀身为国,破浮华交会之徒,计有馀矣。后汉书一百孔融传。　案后汉书无路粹代作之言,据严可均说,文选任昉王文宪集序注引路粹为曹公与孔融书云:“邀一言之誉者,计有馀矣。”证知此文是路粹作,今此无“邀一言之誉者”,范史有删节也。

孙子注

计篇

曹公曰：计者，选将量敌，度地料卒，远近险易，计于庙堂也。

孙子曰：兵者，国之大事，死生之地，存亡之道，不可不察也。故经之以五校之计而索其情；

曹公曰：谓下五事，彼我之情。原本作"谓下五事七计，求彼我之情也"。按此后人臆增，从通典、御览改正。

一曰道，二曰天，三曰地，四曰将，五曰法。道者，令民与上同意也，故可与之死，可与之生，而民不畏危。

曹公曰：谓道之以教令。危者，危疑也。

天者，阴阳、寒暑、时制也。

曹公曰：顺天行诛，因阴阳通典及御览，"阴阳"下有"刚柔"二字。四时之制，故司马法曰："冬夏不兴师，所以兼爱民也。”

地者，远近、险易，广狭、死生也。

曹公曰：言以九地形势不同，因时制利也。通典及御览作“制度”，非。论在九地篇中。

将者，智、信、仁、勇、严也。

曹公曰：将宜五德备也。

法者，曲制、官道、主用也。

曹公曰：曲制者，部曲幡帜金鼓之制也；官者，百官之分也；道者，粮路也；主用者，主军费用也。原本作“主君”，误，今从通典、御览改正。

凡此五者，将莫不闻，知之者胜，不知者不胜。

曹公曰：同闻五者，将知其变极即胜也。原本误于“而索其情”下，今改正。

故校之以计而索其情。

曹公曰：索其情者，胜负之情。

曰主孰有道，将孰有能，

曹公曰：道德智能。按御览引“校之以计”，作“校之以五计”。五计者，主孰有道，将孰有能，一也；天地孰得，二也；法令孰行，三也；兵众孰强，士卒孰练，四也；赏罚孰明，五也。故其注文，各附正文。而主孰有道，将孰有能为一节；兵众孰强，士卒孰练为一节。今杜佑注于“兵众士卒”二句，亦合解之。然则魏武解辨本详，其注意亦与杜佑同也。道德智能四字，既统释二句，不当在“主孰有道”句下，今改正。

天地孰得，

曹公曰：天时、地利。

法令孰行，

曹公曰：设而不犯，犯而必诛。

兵众孰强，士卒孰练，赏罚孰明，吾以此知胜负矣。

曹公曰：以七事计之，知胜负矣。

将听吾计，用之必胜，留之；将不听吾计，用之必败，去之。

曹公曰：不能定计，则退而去也。

计利以听，乃为之势以佐其外；

曹公曰：常法之外也。

势者，因利而制权也。

曹公曰：制由权也，权因事制也。

兵者，诡道也。

曹公曰：兵无常形，以诡诈为道。

故能而示之不能，用而示之不用，近而示之远，远而示之近。利而诱之，乱而取之，实而备之，

曹公曰：敌治实须备之也。

强而避之，

曹公曰：避其所长也。

怒而挠之，

曹公曰：待其衰懈也。

卑而骄之，佚而劳之，

曹公曰：以利劳之。

亲而离之，

曹公曰：以间离之。

攻其无备，出其不意。

曹公曰：击其懈怠，出其空虚。

此兵家之胜，不可先传也。

曹公曰：传犹泄也。兵无常势，水无常形，御览作"兵无成势，无常形"。按此用下篇语也，御览误。临敌变化，不可先传，故曰料敌在心，察机在目也。原本"传"下有"也"字，"故"下无"曰"字，今从御览改正。

夫未战而庙算胜者，得算多也；未战而庙算不胜者，得算少也。多算胜，少算不胜，而况于无算乎！吾以此观之，胜负见矣。

曹公曰：以吾道观之矣。

作战篇

曹公曰：欲战必先算其费，务因粮于敌也。

孙子曰：凡用兵之法，驰车千驷，革车千乘，带甲十万。

曹公曰：驰车，轻车也，驾驷马，凡千乘。据御览补。按王皙引曹注，亦有"凡千乘"三字。革车，重车也，言万骑之重也。一车驾四马，原本作"万骑之重，车驾四马"，今据御览补。卒十骑一重。原本作"率三万军"，今据御览改。养二人主炊，家子一人主保固守衣装，厩二人御览"厩"作"斯"。主养马，凡五人。步兵十人，重以大车驾牛。养二人主炊，家子一人主守衣装，凡三人也。带甲十万，士卒数也。

千里馈粮，

曹公曰：越境千里。

则内外之费，宾客之用，胶漆之材，车甲之奉，日费千金，然后十万之师举矣。

曹公曰：谓赠赏犹在外。原本“赠”讹作“购”，今改正。杜牧亦云“赠赏犹在外”。

其用战也，胜久则钝兵挫锐，攻城则力屈，

曹公曰：钝，弊也；屈，尽也。

久暴师则国用不足。夫钝兵、挫锐、屈力、殚货，则诸侯乘其弊而起，虽有智者，不能善其后矣。故兵闻拙速，未睹巧之久也。

曹公曰：虽拙有以速胜。未睹者，言其无也。

夫兵久而国利者，未之有也。故不尽知用兵之害者，则不能尽知用兵之利也。善用兵者，役不再籍，粮不三载；

曹公曰：籍犹赋也，言初赋民便取胜，不复归国发兵也。始载粮，后遂因食于敌，还兵入国，不复以粮迎之也。

取用于国，因粮于敌，故军食可足也。

曹公曰：兵甲战具，取用国中，粮食因敌也。

国之贫于师者远输，远输则百姓贫。近于师者贵卖，贵卖则百姓财竭，

曹公曰：军行已出界，近师者贪财，皆贵卖，则百姓虚竭也。

财竭则急于丘役。力屈财殚，中原内虚于家，百姓之费，十去其七。

曹公曰：丘，十六井也。百姓财殚尽而兵不解，则运粮尽力于原野也。十去其七者，所破费也。

公家之费，破车罢马，甲胄矢弩，戟楯蔽橹，丘牛大车，十去其六。

曹公曰：丘牛谓丘邑之牛，大车乃长毂车也。

故智将务食于敌。食敌一钟，当吾二十钟；萁秆一石，当吾二十石。

曹公曰：六斛四斗为钟。计千里转运，二十钟而致一钟于车中也。原本脱，今据太平御览补。萁，豆秸也；秆，禾藁也。石者，一百二十斤也。转输之法，费二十石得一石。一云，萁音忌，豆也，七十斤为一石。当吾二十，言远费也。

故杀敌者，怒也；

曹公曰：威怒以致敌。

取敌之利者，货也。

曹公曰：军无财，士不来；军无赏，士不往。

故车战，得车十乘已上，赏其先得者，

曹公曰：以车战能得敌车十乘已上，赏赐之。不言车战得车十乘已上者赏之，而言赏得者何？言欲开示赏其所得车之卒也。陈车之法，五车为队，仆射一人。十车为官，卒长一人。车十乘，乘将吏二人。因而用之,故别言赐之,欲使将恩下及也。或云,言使自有车十乘已上与敌战,但取其有功者赏之,其十乘已下,虽一乘独得,馀九乘皆赏之,所以率进励士也。

而更其旌旗,

曹公曰:与吾同也。

车杂而乘之,

曹公曰:不独任也。

卒善而养之,是谓胜敌而益强。

曹公曰:益己之强。

故兵贵胜,不贵久。

曹公曰:久则不利。兵犹火也,不戢将自焚也。

故知兵之将,民之司命,国家安危之主也。

曹公曰:将贤则国安也。

谋攻篇

曹公曰:欲攻敌,必先谋。

孙子曰:凡用兵之法,全国为上,破国次之;

曹公曰:兴师深入长驱,距其城郭,绝其内外,敌举国来服为上。以兵击破,败而得之,其次也。

全军为上,破军次之;

曹公曰:司马法曰:“一万二千五百人为军。”

全旅为上,破旅次之;

曹公曰：五百人为旅。

全卒为上，破卒次之；

曹公曰：一旅已下原本作"一校已上"，字之讹也，今改正。至一百人也。

全伍为上，破伍次之。

曹公曰：百人已下至五人。

是故百战百胜，非善之善者也；不战而屈人之兵，善之善者也。

曹公曰：未战而敌自屈服。

故上兵伐谋，

曹公曰：敌始有谋，伐之易也。

其次伐交，

曹公曰：交，将合也。

其次伐兵，

曹公曰：兵形已成也。

下政攻城；

曹公曰：敌国以收其外粮，城以攻之，为下政也。

攻城之法，为不得已。修橹轒辒，具器械，三月而后成，距闉又三月而后已；

曹公曰：修，治也；橹，大楯也；轒辒者，轒床也。轒床其下四轮，从中推之至城下也。具，备也；器械者，机关攻守之总名，蜚古"飞"字，原本作"飞"，今据御览改正，从其初所用字也。楼云梯之属；距闉者，踊土积原本作"稍"，字之讹，今据御览及杜佑注改正。高而前，以附其城也。

将不胜其忿而蚁附之，杀士三分之一，而城不拔者，此攻之灾。

曹公曰：将忿不待攻城器，而使士卒缘城而上，如蚁之缘墙，杀伤士卒也。

故善用兵者，屈人之兵，而非战也；拔人之城，而非攻也；毁人之国，而非久也。

曹公曰：毁灭人国，不久露师也。

必以全争于天下，故兵不顿而利可全，此谋攻之法也。

曹公曰：不与敌战而必完全得之，立胜于天下，不顿兵血刃也。

故用兵之法，十则围之，

曹公曰：以十敌一则围之，是将智勇等而兵利钝均也。若主弱客强，不用十也，按杜佑作通典，每全引曹注，义有未了，即以己意增释之，"不用十也"四字，据通典补。操所以倍兵围下邳生擒吕布也。

五则攻之，

曹公曰：以五敌一，则三术为正，二术为奇。原本"二术"作"一术"者讹，据杜牧、张预注改正。

倍则分之，

曹公曰：以二敌一，则一术为正，一术为奇。

敌则能战之，

曹公曰：己与敌人众等，善者犹当设伏奇以胜之。

少则能逃之，

曹公曰：高壁坚垒，勿与战也。

不若则能避之。

曹公曰：引兵避之也。

故小敌之坚，大敌之擒也。

曹公曰：小不能当大也。

夫将者，国之辅也，辅周则国必强，

曹公曰：将周密，谋不泄也。

辅隙则国必弱。

曹公曰：形见于外也。

故君之所以患于军者三：不知军之不可以进而谓之进，不知军之不可以退而谓之退，是谓縻军；

曹公曰：縻，御也。

不知三军之事，而同三军之政者，则军士惑矣；

曹公曰：军容不入国，国容不入军，礼不可以治兵也。

不知三军之权，而同三军之任，则军士疑矣。

曹公曰：不得其人意也。

三军既惑且疑，则诸侯之难至矣，是谓乱军引胜。

曹公曰：引，夺也。

故知胜有五：知可以战与不可以战者胜，识众寡之用者胜，上下同欲者胜，

曹公曰：君臣同欲。

以虞待不虞者胜，将能而君不御者胜。

曹公曰:司马法曰:“进退惟时,无曰寡人”也。

此五者,知胜之道也。

曹公曰:此上五事也。

故曰:知彼知己,百战不殆;不知彼而知己,一胜一负;不知彼,不知己,每战必殆。

形篇

曹公曰:军之形也。我动彼应,两敌相察情也。

孙子曰:昔之善战者,先为不可胜,以待敌之可胜。不可胜在己,可胜在敌。

曹公曰:自修理以待敌之虚懈也。

故善战者,能为不可胜,不能使敌必可胜,故曰:胜可知,

曹公曰:见成形也。

而不可为。

曹公曰:敌有备故也。

不可胜者守也,

曹公曰:藏形也。

可胜者攻也。

曹公曰:敌攻己,乃可胜。

守则不足,攻则有馀。

曹公曰:吾所以守者,力不足也;所以攻者,力有馀也。

善守者藏于九地之下,善攻者动于九天之上,故能自保而

全胜也。

曹公曰：因山川丘陵之固者，藏于九地之下；因天时之便者，动于九天之上。

见胜不过众人之所知，非善之善者也；

曹公曰：当见未萌。

战胜而天下曰善，非善之善者也；

曹公曰：交争胜也。原本作"争锋也"，据御览改正。故太公曰："争胜于白刃之□，非良将也。"据御览补。

故举秋毫不为多力，见日月不为明目，闻雷霆不为聪耳。

曹公曰：易见闻也。

古之所谓善战者胜，胜易胜者也。

曹公曰：原微易胜，攻其可胜，不攻其不可胜也。

故善战者之胜也，无智名，无勇功。

曹公曰：敌兵形未成，原本作"未形"，从御览改。胜之无赫赫之功也。

故其战胜不忒；不忒者，其所措必胜，胜已败者也。

曹公曰：察敌有可败，不差忒也。

故善战者，立于不败之地，而不失敌之败也。是故胜兵先胜而后求战，败兵先战而后求胜。

曹公曰：有谋与无虑也。

善用兵者，修道而保法，故能为胜败之政。

曹公曰：善用兵者，先自修治为不可胜之道，保法度不失敌之败乱也。

兵法一曰度，二曰量，三曰数，四曰称，五曰胜。

曹公曰：胜败之政，用兵之法，当以此五事称量，知敌之情。

地生度，

曹公曰：因地形势而度之。

度生量，量生数，

曹公曰：知其远近广狭，知其人数也。

数生称，

曹公曰：称量敌孰愈也。

称生胜。

曹公曰：称量之数，知其胜负所在。

故胜兵若以镒称铢，败兵若以铢称镒，

曹公曰：轻不能举重也。

胜者之战民也，若决积水于千仞之谿者，形也。

曹公曰：八尺曰仞。决水千仞，其势疾也。御览注：仞，七尺也，其势疾也。原本云"其高势疾也"，衍，从御览。

势篇

曹公曰：用兵任势也。

孙子曰：凡治众如治寡，分数是也；

曹公曰：部曲为分，什伍为数。

斗众如斗寡，形名是也；

曹公曰:旌旗曰形,金鼓曰名。

三军之众,可使必受敌而无败者,奇正是也;

曹公曰:先出合战为正,后出为奇。

兵之所加,如以碫投卵者,虚实是也。

曹公曰:以至实击至虚。

凡战者,以正合,以奇胜。

曹公曰:正者当敌,奇兵从傍击不备也。

故善出奇者,无穷如天地,不竭如江河,终而复始,日月是也;死而复生,四时是也。声不过五,五声之变,不可胜听也。色不过五,五色之变,不可胜观也。味不过五,五味之变,不可胜尝也。

曹公曰:自无穷如天地已下,皆以喻奇正之无穷也。

战势不过奇正,奇正之变,不可胜穷也。奇正相生,如循环之无端,孰能穷之?激水之疾,至于漂石者,势也;鸷鸟之疾,至于毁折者,节也。

曹公曰:发起击敌。

是故善战者,其势险,

曹公曰:险犹疾也。

其节短。

曹公曰:短,近也。

势如彍弩,节如发机。

曹公曰:在度不远,发则中也。

纷纷纭纭,斗乱而不可乱也;浑浑沌沌,形圆而不可败也。

曹公曰:旌旗乱也,示敌若乱,以金鼓齐之。车骑原本作"卒骑"者,误,从通典改正。转而形圆者,出入有道齐整也。

乱生于治,怯生于勇,弱生于强。

曹公曰:皆毁形匿情也。

治乱数也,

曹公曰:以部曲分名数为之,故不乱也。

勇怯势也,强弱形也。

曹公曰:形势所宜。

故善动敌者,形之敌必从之,

曹公曰:见羸形也。

予之敌必取之,

曹公曰:以利诱敌,敌远离其垒,而以便势击其空虚孤特也。

以利动之,以卒待之。

曹公曰:以利动敌也。

故善战者,求之于势,不责于人,故能择人而任势。

曹公曰:求之于势者,专任权也;不责于人者,权变明也。

任势者,其战人也,如转木石。木石之性,安则静,危则动,方则止,圆则行。

曹公曰:任自然势也。

故善战人之势,如转圆石于千仞之山者,势也。

虚实篇

曹公曰:能虚实彼己也。

孙子曰:凡先处战地而待敌者佚,

曹公曰:力有馀也。

后处战地而趋战者劳。故善战者,致人而不致于人。能使敌人自至者,利之也;

曹公曰:诱之以利也。

能使敌人不得至者,害之也。

曹公曰:出其所必趋,攻其所必救。

故敌佚能劳之,

曹公曰:以事烦之。御览作"以利烦之"者,非。

饱能饥之,

曹公曰:绝粮道以饥之。

安能动之。

曹公曰:攻其所必爱,出其所必趋,则使敌不得不相救也。

出其所必趋,趋其所不意。

曹公曰:使敌不得不相往而救之也。

行千里而不劳者,行于无人之地也;

曹公曰:出空击虚,避其所守,击其不意。

攻而必取者,攻其所不守也;守而必固者,守其所不攻也。故善攻者,敌不知其所守;善守者,敌不知其所攻。

曹公曰：情不泄也。

微乎微乎，至于无形，神乎神乎，至于无声，故能为敌之司命。进而不可御者，冲其虚也；退而不可追者，速而不可及也。

曹公曰：卒往进攻其虚懈，退又疾也。

故我欲战，敌虽高垒深沟，不得不与我战者，攻其所必救也。

曹公曰：绝其粮道，守其归路，攻其君主也。

我不欲战，画地而守之，

曹公曰：军不欲烦也。

敌不得与我战者，乖其所之也。

曹公曰：乖，戾也。戾其道示以利害，使敌疑之。我未修垒堑，敌人不以形势之长，就能加之于我者，不敢攻我也。自"我未修垒"以下，据御览补。

故形人而我无形，则我专而敌分。我专为一，敌分为十，是以十共其一也，则我众而敌寡。能以众击寡者，则吾之所与战者约矣。吾所与战之地不可知，不可知，则敌所备者多，敌所备者多，则吾所与战者寡矣。

曹公曰：形藏敌疑，则分离其众备我也，言少而易击也。

故备前则后寡，备后则前寡，备左则右寡，备右则左寡，无所不备，则无所不寡。寡者，备人者也；众者，使人备己者也。

曹公曰:上所谓形藏敌疑,则分离其众以备我也。

故知战之地,知战之日,则可千里而会战。

曹公曰:以度量知空虚会战之日。

不知战地,不知战日,则左不能救右,右不能救左,前不能救后,后不能救前,而况远者数十里,近者数里乎?以吾度之,越人之兵虽多,亦奚益于胜败哉!

曹公曰:越人相聚,纷然无知也。或曰,吴越雠国也。

故曰:胜可为也。敌虽众,可使无斗。故策之而知得失之计,作之而知动静之理,形之而知死生之地,角之而知有馀不足之处。

曹公曰:角,量也。

故形兵之极,至于无形,无形则深间不能窥,知者不能谋。因形而错胜于众,众不能知;

曹公曰:因敌形而立胜。御览"敌形"作"地形",按下文云,"兵因敌而制胜",作"地"者非。

人皆知我所以胜之形,而莫知吾所以制胜之形;

曹公曰:不以一形之胜万形。或曰,不备知也。制胜者,人皆知吾所以胜,莫知吾因敌形制胜也。

故其战胜不复,而应形于无穷。

曹公曰:不重复动而应之也。

夫兵形象水,水之行,趋高而避下;兵之形,避实而击虚。水因地而制流,兵因敌而制胜。故兵无常势,水无常形,能因敌变化而取胜者,谓之神。

曹公曰：势盛必衰，形露必败，故能因敌变化，取胜若神。

故五行无常胜，四时无常位，日有短长，月有死生。

曹公曰：兵无常势，盈缩随敌。

军争篇

曹公曰：两军争胜。

孙子曰：凡用兵之法，将受命于君，合军聚众，

曹公曰：聚国人，结行伍，选部曲，起营为军陈。

交和而舍，

曹公曰：军门为和门，左右门为旗门，御览"旗"作"期"。以车为营曰辕门，以人为营曰人门，两军相对为交和。

莫难于军争。

曹公曰：从始受命，至于交和，军争难也。

军争之难者，以迂为直，以患为利。

曹公曰：示以远，速其道里，先敌至也。

故迂其途而诱之以利，后人发，先人至，此知迂直之计者也。

曹公曰：迂其途者，示之远也；后人发，先人至者，明于度数，先知远近之计也。

故军争为利，军争为危。

曹公曰：善者则以利，不善者则以危。

举军而争利，则不及；

曹公曰：迟不及也。

委军而争利，则辎重捐。

曹公曰：置辎重，则恐捐弃也。

是故卷甲而趋，日夜不处，

曹公曰：不得休息，罢也。

倍道兼行，百里而争利，则擒三将军。劲者先，罢者后，其法十一而至。

曹公曰：百里而争利，非也，三将军皆以为擒。

五十里而争利，则蹶上将军，其法半至。

曹公曰：蹶犹挫也。

三十里而争利，则三分之二至。

曹公曰：道近至者多，故无死败也。

是故军无辎重则亡，无粮食则亡，无委积则亡。

曹公曰：无此三者，亡之道也。

故不知诸侯之谋者，不能豫交；

曹公曰：不知敌情谋者，不能结交也。

不知山林、险阻、沮泽之形者，不能行军；

曹公曰：高而崇者为山，众树所聚者为林，坑堑者为险，一高一下者为阻，水草渐洳者为沮，众水所归而不流者为泽。不先知军之所据及山川之形者，则不能行师也。通典作“堆者为险，水草坑堑者为沮”，馀同。按此通典误也。御览“堑”作“坎”，与张预注同。

不用乡导者，不能得地利。故兵以诈立，以利动，以分合为变者也。

曹公曰：兵一分一合，以敌为变也。

故其疾如风，

曹公曰：击空虚也。

其徐如林，

曹公曰：不见利也。

侵掠如火，

曹公曰：疾也。

不动如山，

曹公曰：守也。

难知如阴，动如雷霆。掠乡分众，

曹公曰：因敌而制胜也。

廓地分利，

曹公曰：分敌利也。

悬权而动。

曹公曰：量敌而动也。

先知迂直之计者胜，此军争之法也。军政曰："言不相闻，故为鼓铎；视不相见，故为旌旗。"夫金鼓旌旗者，所以一民之耳目也。民既专一，则勇者不得独进，怯者不得独退，此用众之法也。故夜战多火鼓，昼战多旌旗，所以变民之耳目也。故三军可夺气，

曹公曰：左氏言一鼓作气，再而衰，三而竭。

将军可夺心。是故朝气锐，昼气惰，暮气归。故善用兵者，避其锐气，击其惰归，此治气者也。以治待乱，以静待哗，此治心者也。以近待远，以佚待劳，以饱待饥，此治力者也。无要正正之旗，勿击堂堂之陈，此治变者也。

曹公曰：正正，齐也；堂堂，大也。

故用兵之法，高陵勿向，背丘勿逆，佯北勿从，锐卒勿攻，饵兵勿食，归师勿遏，围师必阙，

曹公曰：司马法曰："围其三面，阙其一面，所以示生路也。"

穷寇勿迫。此用兵之法也。

九变篇

曹公曰：变其正，得其所用九也。

孙子曰：凡用兵之法，将受命于君，合军聚众。圮地无舍，

曹公曰：无所依也。水毁曰圮。

衢地合交，

曹公曰：结诸侯也。

绝地无留，

曹公曰：无久止也。

围地则谋，

曹公曰：发奇谋也。

死地则战。

曹公曰:殊死战也。

涂有所不由,

曹公曰:隘难之地,所不当从,不得已从之,故为变。

军有所不击,

曹公曰:军虽可击,以地险难久,留之失前利,若得之则利薄,困穷之兵,必死战也。

城有所不攻,

曹公曰:城小而固,粮饶,不可攻也。操所以置华、费而深入徐州,得十四县也。

地有所不争,

曹公曰:小利之地,方争得而失之,则不争也。

君命有所不受。

曹公曰:苟便于事,不拘于君命也,通典"拘"作"狥"。故曰:不从中御。据通典补。

故将通于九变之利者,知用兵矣。将不通于九变之利者,虽知地形,不能得地之利矣。治兵不知九变之术,虽知五利,不能得人之用矣。

曹公曰:谓下五事也。九变,一云五变。

是故智者之虑,必杂于利害。

曹公曰:在利思害,在害思利,当难行权也。

杂于利,而务可信也,

曹公曰:计敌不能依五地为我害,所务可信也。

杂于害,而患可解也。

曹公曰:既参于利,则亦计于害,虽有患可解也。

是故屈诸侯者以害,

曹公曰:害其所恶也。

役诸侯者以业,

曹公曰:业,事也,使其烦劳,若彼入我出,彼出我入也。

趋诸侯者以利。

曹公曰:令自来也。

故用兵之法,无恃其不来,恃吾有以待也;无恃其不攻,恃吾有所不可攻也。

曹公曰:安不忘危,常设备也。

故将有五危:必死,可杀也;

曹公曰:勇而无虑,必欲死斗,不可曲挠,可以奇伏中之。

必生,可虏也;

曹公曰:见利畏怯不进也。

忿速,可侮也;

曹公曰:疾急之人,可忿怒而侮致之也。原本作"侮而致之也",今从御览改正。

廉洁,可辱也;

曹公曰:廉洁之人,可污辱致之也。

爱民,可烦也。

曹公曰:出其所必趋,爱民者,则必倍道兼行以救之,救之则烦劳也。

凡此五者，将之过也，用兵之灾也。覆军杀将，必以五危，不可不察也。

行军篇

曹公曰：择便利而行也。

孙子曰：凡处军相敌，绝山依谷，

曹公曰：近水草利便也。

视生处高，

曹公曰：生者，阳也。

战隆无登，

曹公曰：无迎高也。

此处山之军也。绝水必远水；

曹公曰：引敌使渡。

客绝水而来，勿迎之于水内，令半济而击之利；欲战者，无附于水而迎客；

曹公曰：附，近也。

视生处高，

曹公曰：水上亦当处其高也，前向水，后当依高而处之。

无迎水流，

曹公曰：恐溉我也。

此处水上之军也。绝斥泽，惟亟去无留；若交军于斥泽之中，必依水草，而背众树，

曹公曰：自此至“上雨水沫至”节，杜佑注原本误于“众草多障”节下。不得已与敌会于斥泽中。

此处斥泽之军也。平陆处易，

曹公曰：车骑之利也。

而右背高，前死后生，

曹公曰：战便也。

此处平陆之军也。凡此四军之利，黄帝之所以胜四帝也。

曹公曰：黄帝始立，四方诸侯无不称帝，御览作“亦称帝”，按王皙、张预同。以此四地胜之也。

凡军喜高而恶下，贵阳而贱阴，养生而处实；

曹公曰：恃满实也。养生向水草，可放牧养畜乘。实犹高也。

军无百疾，是谓必胜。丘陵堤防，必处其阳，而右背之；此兵之利，地之助也。上雨，水沫至，欲涉者，待其定也。

曹公曰：恐半涉而水遽涨也。

凡地有绝涧、天井、天牢、天罗、天陷、天隙，必亟去之，勿近也。

曹公曰：山深水大者为绝涧，四方高中央下为天井，深山所过若蒙笼者通典作“深水大泽，葭苇蒙笼所隐蔽者”，御览作“深水所居朦胧者”。为天牢，可以罗绝人者为天罗，地形陷者通典上有“陂湖泥泞”四字，御览无。为天陷，山涧原本

"涧"下有"道"字者，衍，据通典、御览改正。迫狭地形，深数尺长数丈者为天隙。案通典"长数丈者"下有"丘陵坑坎，地形墝埆者，天郄也"，御览无。

吾远之，敌近之；吾迎之，敌背之。

曹公曰：用兵常远六害，今敌近背之，则我利敌凶。

军旁有险阻、蒋潢，井生葭苇，山林、蘙荟，必谨覆索之，此伏奸之所藏处也。

曹公曰：险者，一高一下之地；阻者，多水也；蒋者，水草之藂生也；"蒋者"以下原本无，杜佑通典及御览有之。按杜佑注，例先引曹注，后附己意，此所云，乃用曹注语也，后人妄删之。潢者，池也；井者，下也；葭苇者，御览又引注云，"并生葭苇者"，无"井者下也"句。众草所聚；山林者，众木所居也；蘙荟者，可屏蔽之处也。此以上论地形也，以下相敌情也。

敌近而静者，恃其险也；远而挑战者，欲人之进也；其所居者易利也。

曹公曰：所居利也。

众树动者，来也；

曹公曰：斩伐树木，除道进来，故动。

众草多障者，疑也。

曹公曰：结草为障，欲使我疑也。

鸟起者，伏也；

曹公曰：鸟起其上，下有伏兵。

兽骇者，覆也。

曹公曰：敌广陈张翼，来覆我也。

尘高而锐者，车来也；卑而广者，徒来也；散而条达者，樵采也；少而往来者，营军也。辞卑而益备者，进也；

曹公曰：其使来辞卑，使间视之，敌人增备也。

辞诡而强进驱者，退也；

曹公曰：诡，诈也。

轻车先出居其侧者，陈也；

曹公曰：陈兵欲战也。

无约而请和者，谋也；奔走而陈兵车者，期也；半进半退者，诱也。倚仗而立者，饥也；汲而先饮者，渴也；见利而不进者，劳也。

曹公曰：士卒之疲劳也。

鸟集者，虚也；夜呼者，恐也；

曹公曰：军士夜呼，将不勇也。

军扰者，将不重也；旌旗动者，乱也；吏怒者，倦也；粟马肉食，军无悬缻，不返其舍者，穷寇也。谆谆翕翕，徐言入入者，失众也；

曹公曰：谆谆，语貌；翕翕，失志貌。

数赏者，窘也；数罚者，困也；先暴而后畏其众者，不精之至也。

曹公曰：先轻敌，后闻其众，则心恶之也。

来委谢者，欲休息也。兵怒而相迎，久而不合，又不相去，必谨察之。

曹公曰:备奇伏也。

兵非益多也,

曹公曰:权力均。一云,兵非贵益多。

惟无武进,

曹公曰:未见便也。

足以并力料敌取人而已。

曹公曰:厮养足也。

夫惟无虑而易敌者,必擒于人。卒未亲附而罚之,则不服,不服则难用也。卒已亲附而罚不行,则不可用也。

曹公曰:恩信已洽,若无刑罚,则骄情难用也。

故令之以文,齐之以武,

曹公曰:文,仁也;武,法也。

是谓必取。令素行以教其民,则民服;令不素行以教其民,则民不服。令素信著者,与众相得也。

地形篇

曹公曰:欲战,审地形以立胜也。

孙子曰:地形有通者,有挂者,有支者,有隘者,有险者,有远者。

曹公曰:此六者,地之形也。

我可以往,彼可以来,曰通。通形者,先居高阳,利粮道,以战则利。

曹公曰：宁致人，无致于人。

可以往，难以返，曰挂。挂形者，敌无备，出而胜之；敌若有备，出而不胜，难以返，不利。我出而不利，彼出而不利，曰支。支形者，敌虽利我，我无出也；引而去，令敌半出而击之，利。隘形者，我先居之，必盈之以待敌；若敌先居之，盈而勿从，不盈而从之。

曹公曰：隘形者，两山间通谷也，敌势不得挠我也。我先居之，必前齐隘口，陈而守之，以出奇也。敌若先居此地，齐口陈，勿从也。即半隘陈者从之，而与敌共此利也。

险形者，我先居之，必居高阳以待敌；若敌先居之，引而去之，勿从也。

曹公曰：地形险隘，尤不可致于人。

远形者，势均，难以挑战，战而不利。

曹公曰：挑战者，延敌也。

凡此六者，地之道也，将之至任，不可不察也。故兵有走者，有弛者，有陷者，有崩者，有乱者，有北者。凡此六者，非天之灾，将之过也。夫势均以一击十，曰走；

曹公曰：不料力。

卒强吏弱，曰弛；

曹公曰：吏不能统，故弛坏。

吏强卒弱，曰陷；

曹公曰：吏强欲进，卒弱辄陷，败也。

大吏怒而不服，遇敌怼而自战，将不知其能，曰崩；

曹公曰：大吏，小将也。大将怒之而不厌服，忿而赴敌，不量轻重，则必崩坏。

将弱不严，教道不明，吏卒无常，陈兵纵横，曰乱；

曹公曰：为将若此，乱之道也。

将不能料敌，以少合众，以弱击强，兵无选锋，曰北。

曹公曰：其势若此，必走之兵也。

凡此六者，败之道也，将之至任，不可不察也。夫地形者，兵之助也。料敌制胜，计险厄远近，上将之道也。知此而用战者必胜，不知此而用战者必败。故战道必胜，主曰无战，必战可也。战道不胜，主曰必战，无战可也。故进不求名，退不避罪，唯民是保，而利合于主，国之宝也。视卒如婴儿，故可与之赴深谿，视卒如爱子，故可与之俱死。厚而不能使，爱而不能令，乱而不能治，譬如骄子，不可用也。

曹公曰：恩不可专用，罚不可独任，若骄子之喜怒对目，还害而不可用也。

知吾卒之可以击，而不知敌之不可击，胜之半也；知敌之可击，而不知吾卒之不可以击，胜之半也；知敌之可击，知吾卒之可以击，而不知地形之不可以战，胜之半也。

曹公曰：胜之半者，未可知也。

故知兵者，动而不迷，举而不穷。故曰：知彼知己，胜乃不殆；知地知天，胜乃可全。

九地篇

曹公曰：欲战之地有九。

孙子曰：用兵之法，有散地，有轻地，有争地，有交地，有衢地，有重地，有圮地，有围地，有死地。

曹公曰：此九地之名也。

诸侯自战其地为散地；

曹公曰：士卒恋土，道近易散。

入人之地而不深者为轻地；

曹公曰：士卒皆轻返也。

我得则利，彼得亦利者为争地；

曹公曰：可以少胜众，弱胜强。

我可以往，彼可以来者为交地；

曹公曰：道正相交错也。

诸侯之地三属，

曹公曰：我与敌相当，而旁有他国也。

先至而得天下之众者为衢地；

曹公曰：先至得其国助也。

入人之地深，背城邑多者为重地；

曹公曰：难返之地。

行山林、险阻、沮泽，凡难行之道者为圮地；

曹公曰：少固也。

所由入者隘，所从归者迂，彼寡可以击吾之众者为围地；疾战则存，不疾战则亡者为死地。

曹公曰：前有高山，后有大水，进则不得，退则有碍。

是故散地则无以战，轻地则无止，争地则无攻，

曹公曰：不当攻，当先至为利也。

交地则无绝，

曹公曰：相及属也。

衢地则合交，

曹公曰：结诸侯也。

重地则掠，

曹公曰：畜积粮食也。

圮地则行，

曹公曰：无稽留也。

围地则谋，

曹公曰：发奇谋也。

死地则战。

曹公曰：殊死战也。

所谓古之善用兵者，能使敌人前后不相及，众寡不相恃，贵贱不相救，上下不相扶，卒离而不集，兵合而不齐。合于利而动，不合于利而止。

曹公曰：暴之使离，乱之使不齐，动兵而战。

敢问：敌众整而将来，待之若何？

曹公曰：或问也。

曰：先夺其所爱，则听矣。

曹公曰:夺其所恃之利。若先据利地,则我所欲必得也。

兵之情主速,乘人之不及,由不虞之道,攻其所不戒也。

曹公曰:孙子应难以覆陈兵情也。

凡为客之道,深入则专,主人不克。掠于饶野,三军足食,谨养而勿劳,并气积力,运兵计谋,为不可测。

曹公曰:养士并气运兵,为不可测度之计。

投之无所往,死且不北,死焉不得,

曹公曰:士死安不得也。

士人尽力。

曹公曰:在难地心并也。

兵士甚陷则不惧,无所往则固,深入则拘,

曹公曰:拘,缚也。

不得已则斗。

曹公曰:人穷则死战也。

是故其兵不修而戒,不求而得,不约而亲,不令而信,

曹公曰:不求索其意,自得力也。

禁祥去疑,至死无所之。

曹公曰:禁妖祥之言,去疑惑之计。

吾士无馀财,非恶货也;无馀命,非恶寿也。

曹公曰:皆烧焚财物,非恶货之多也,弃财致死者,不得已也。

令发之日,士卒坐者涕沾襟,偃卧者涕交颐。

曹公曰：皆持必死之计。

投之无所往者，诸、刿之勇也。故善用兵，譬如率然；率然者，常山之蛇也。击其首则尾至，击其尾则首至，击其中则首尾俱至。敢问：兵可使如率然乎？曰：可。夫吴人与越人相恶也，当其同舟而济，遇风，其相救也如左右手。是故方马埋轮，未足恃也；

曹公曰：方，缚马也；埋轮，示不动也。此言专难不如权巧，故曰：设方马埋轮，不足恃也。

齐勇若一，政之道也；刚柔皆得，地之理也。

曹公曰：强弱一势也。

故善用兵者，携手若使一人，不得已也。

曹公曰：齐一貌也。

将军之事，静以幽，正以治。

曹公曰：谓清净幽深平正。

能愚士卒之耳目，使之无知。

曹公曰：愚，误也。民可与乐成，不可与虑始。

易其事，革其谋，使人无识；易其居，迂其途，使人不得虑。帅与之期，如登高而去其梯；帅与之深入诸侯之地，而发其机。焚舟破釜，若驱群羊而往，驱而来，莫知所之。

曹公曰：一其心也。

聚三军之众，投之于险，此谓将军之事也。

曹公曰：险，难也。

九地之变，屈伸之利，人情之理，不可不察也。

曹公曰:人情见利而进,见害而退。

凡为客之道,深则专,浅则散。去国越境而师者,绝地也;四达者,衢地也;入深者,重地也;入浅者,轻地也;背固前隘者,围地也;无所往者,死地也。是故散地,吾将一其志;轻地,吾将使之属;

曹公曰:使相及属。

争地,吾将趋其后;

曹公曰:利地在前,当速进其后也。

交地,吾将谨其守;衢地,吾将固其结;重地,吾将继其食;

曹公曰:掠彼也。

圮地,吾将进其涂;

曹公曰:疾过去也。

围地,吾将塞其阙;

曹公曰:以一士心也。

死地,吾将示之以不活。

曹公曰:励士也。

故兵之情,围则御,

曹公曰:相持御也。

不得已则斗,

曹公曰:势有不得已也。

过则从。

曹公曰:陷之甚过,则从计也。

是故不知诸侯之谋者,不能预交;不知山林、险阻、沮泽之形者，不能行军；不用乡导者，不能得地利。

曹公曰：上已陈此三事，而复云者，力恶不能用兵，故复言之。

四五者不知一，非霸王之兵也。

曹公曰：谓九地之利害。或曰：上四五事也。

夫霸王之兵，伐大国，则其众不得聚；威加于敌，则其交不得合。是故不争天下之交，不养天下之权，信己之私，威加于敌，故其城可拔，其国可隳。

曹公曰：霸王者，不结成天下诸侯之交权者也，绝天下之交，夺天下之权，以威德伸己之私。

施无法之赏，悬无政之令，

曹公曰：言军法令不应预施悬也。司马法曰："见敌作誓，瞻功作赏。"此之谓也。此注原本脱，今据通典补正。

犯三军之众，若使一人。

曹公曰：犯，用也。言明赏罚，虽用众，若使一人也。

犯之以事，勿告以言；犯之以利，勿告以害。

曹公曰：勿使知害。

投之亡地然后存，陷之死地然后生。

曹公曰：必殊死战，在亡地无败者。孙膑曰："兵恐不投之死地也。"

夫众陷于害，然后能为胜败。故为兵之事，在于顺详敌之意，

曹公曰：佯，愚也。或曰：彼欲进，设伏而退；欲去，开

而击之。

并敌一向,千里杀将,

曹公曰:并兵向敌,虽千里能擒其将也。

此谓巧能成事者也。

曹公曰:是成事巧者也。一作是谓巧攻成事。

是故政举之日,夷关折符,无通其使,

曹公曰:谋定则闭关折符,无得有所沮议,恐惑众士心也。

励于廊庙之上,以诛其事。

曹公曰:诛,治也。

敌人开阖,必亟入之。

曹公曰:敌有间隙,当急入之也。

先其所爱,

曹公曰:据利便也。

微与之期。

曹公曰:后人发,先人至。

践墨随敌,以决战事。

曹公曰:行践规矩无常也。

是故始如处女,敌人开户,后如脱兔,敌不及拒。

曹公曰:处女示弱,脱兔往疾也。

火攻篇

曹公曰:以火攻人,当择时日也。

孙子曰：凡火攻有五：一曰火人，二曰火积，三曰火辎，四曰火库，五曰火队。行火必有因，

曹公曰：因奸人。

烟火必素具。

曹公曰：烟火，烧具也。

发火有时，起火有日。时者，天之燥也；

曹公曰：燥者，旱也。

日者，宿在箕、壁、翼、轸也；凡此四宿者，风起之日也。凡火攻，必因五火之变而应之。火发于内，则早应之于外。

曹公曰：以兵应之也。

火发而其兵静者，待而勿攻。极其火力，可从而从之，不可从而止。

曹公曰：见可而进，知难而退。

火可发于外，无待于内，以时发之。火发上风，无攻下风。

曹公曰：不便也。

昼风久，夜风止。

曹公曰：数当然也。

凡军必知有五火之变，以数守之。故以火佐攻者明，以水佐攻者强。水可以绝，不可以夺。

曹公曰：火佐者，取胜明也；水佐者，但可以绝敌道，分敌军，不可以夺敌蓄积。

夫战胜攻取而不修其功者凶，命曰费留。

曹公曰：若水之留，不复还也。或曰：赏不以时，但费

留也,赏善不逾日也。

故曰,明主虑之,良将修之。非利不动,非得不用,非危不战。

曹公曰:不得已而用兵。

主不可以怒而兴师,将不可以愠而致战;合于利而动,不合于利而止;

曹公曰:不得以己之喜怒而用兵也。

怒可以复喜,愠可以复悦,亡国不可以复存,死者不可以复生。故明君慎之,良将警之,此安国全军之道也。

用间篇

曹公曰:战者必用间谍,以知敌之情实也。

孙子曰:凡兴师十万,出兵千里,百姓之费,公家之奉,日费千金,内外骚动,怠于道路,不得操事者七十万家。

曹公曰:古者八家为邻,一家从军,七家奉之,言十万之师举,不事耕稼者七十万家。

相守数年,以争一日之胜,而爱爵禄百金,不知敌之情者,不仁之至也,非人之将也,非主之佐也,非胜之主也。故明君贤将,所以动而胜人,成功出于众者,先知也。先知者不可取于鬼神,不可象于事,

曹公曰:不可以祷祀而求,亦不可以事类而求也。

不可验于度,

曹公曰：不可以事数度也。

必取于人，知敌之情者也。

曹公曰：因人也。

故用间有五：有因间，有内间，有反间，有死间，有生间。五间俱起，莫知其道，是为神纪，人君之宝也。

曹公曰：同时任用五间也。

因间者，因其乡人而用之。内间者，因其官人而用之。反间者，因其敌间而用之。死间者，为诳事于外，令吾间知之，而传于敌。生间者，反报也。故三军之亲，莫亲于间，赏莫厚于间，事莫密于间。非圣智不能用间，非仁义不能使间，非微妙不能得间之实。微哉，微哉，无所不用间也！间事未发而先闻者，间与所告者皆死。凡军之所欲击，城之所欲攻，人之所欲杀，必先知其守将、左右、谒者、门者、舍人之姓名，令吾间必索知之。必索敌人之间来间我者，因而利之，导而舍之，故反间可得而用也。

曹公曰：舍，居止也。

因是而知之，故乡间、内间可得而使也；因是而知之，故死间为诳事，可使告敌；因是而知之，故生间可使如期。五间之事，主必知之，知之必在于反间，故反间不可不厚也。昔殷之兴也，伊挚在夏；

曹公曰：伊挚，伊尹也。

周之兴也，吕牙在殷。

曹公曰：吕牙，太公也。

故惟明君贤将能以上智为间者，必成大功，此兵之要，三军之所恃而动也。

附　录

武帝纪 三国魏志卷一

晋　陈　寿撰
宋　裴松之注

太祖武皇帝，沛国谯人也，姓曹，讳操，字孟德，汉相国参之后。㊀桓帝世，曹腾为中常侍大长秋，封费亭侯。㊁养子嵩嗣，官至太尉，莫能审其生出本末。㊂嵩生太祖。

㊀〔曹瞒传曰〕：太祖一名吉利，小字阿瞒。

王沈魏书曰：其先出于黄帝。当高阳世，陆终之子曰安，是为曹姓。周武王克殷，存先世之后，封曹侠于邾。春秋之世，与于盟会，逮至战国，为楚所灭。子孙分流，或家于沛。汉高祖之起，曹参以功封平阳侯，世袭爵土，绝而复绍，至今适嗣国于容城。

㊁司马彪续汉书曰：腾父节，字元伟，素以仁厚称。邻人有亡豕者，与节豕相类，诣门认之，节不与争；后所亡豕自还其家，豕主人大惭，送所认豕，并辞谢节，节笑而受之。由是乡党贵叹焉。长子伯兴，次子仲

兴，次子叔兴。

腾字季兴，少除黄门从官。永宁元年，邓太后诏黄门令选中黄门从官年少温谨者配皇太子书，腾应其选。太子特亲爱腾，饮食赏赐与众有异。顺帝即位，为小黄门，迁至中常侍大长秋。在省闼三十馀年，历事四帝，未尝有过。好进达贤能，终无所毁伤。其所称荐，若陈留虞放、边韶、南阳延固、张温、弘农张奂、颍川堂谿典等，皆致位公卿，而不伐其善。蜀郡太守因计吏修敬于腾，益州刺史种暠于函谷关搜得其笺，上太守，并奏腾内臣外交，所不当为，请免官治罪。帝曰："笺自外来，腾书不出，非其罪也。"乃寝暠奏，腾不以介意，常称叹暠，以为暠得事上之节。暠后为司徒，语人曰："今日为公，乃曹常侍恩也。"腾之行事，皆此类也。桓帝即位，以腾先帝旧臣，忠孝彰著，封费亭侯，加位特进。太和三年，追尊腾曰高皇帝。

㊂续汉书曰：嵩字巨高。质性敦慎，所在忠孝。为司隶校尉，灵帝擢拜大司农、大鸿胪，代崔烈为太尉。黄初元年，追尊嵩曰太皇帝。

吴人作曹瞒传及郭颁世语并云：嵩，夏侯氏之子，夏侯惇之叔父。太祖于惇为从父兄弟。

太祖少机警，有权数，而任侠放荡，不治行业；故世人未之奇也，㊀惟梁国桥玄、南阳何颙异焉。玄谓太祖曰："天下将乱，非命世之才不能济也。能安之者，其在君乎！"㊁年二十，举孝廉为郎，除洛阳北部尉，迁顿丘令，㊂征拜议郎。㊃

㊀曹瞒传云：太祖少好飞鹰走狗，游荡无度，其叔父数言之于嵩。太祖患之，后逢叔父于路，乃阳败面喎口；叔父怪而问其故，太祖曰："卒中恶风。"叔父以告嵩。嵩惊愕，呼太祖，太祖口貌如故。嵩问曰："叔父言汝中风，已差乎？"太祖曰："初不中风，但失爱于叔父，故见

罔耳。"嵩乃疑焉。自后叔父有所告，嵩终不复信，太祖于是益得肆意矣。

㈡魏书曰：太尉桥玄，世名知人，睹太祖而异之，曰："吾见天下名士多矣，未有若君者也！君善自持。吾老矣！愿以妻子为托。"由是声名益重。

续汉书曰：玄字公祖，严明有才略，长于人物。

张璠汉纪曰：玄历位中外，以刚断称，谦俭下士，不以王爵私亲。光和中为太尉，以久病策罢，拜太中大夫，卒，家贫乏产业，柩无所殡。当世以此称为名臣。

世语曰：玄谓太祖曰："君未有名，可交许子将。"太祖乃造子将，子将纳焉，由是知名。

孙盛异同杂语云：太祖尝私入中常侍张让室，让觉之；乃舞手戟于庭，逾垣而出。才武绝人，莫之能害。博览群书，特好兵法，抄集诸家兵法，名曰接要，又注孙武十三篇，皆传于世。尝问许子将："我何如人？"子将不答。固问之，子将曰："子治世之能臣，乱世之奸雄。"太祖大笑。

㈢曹瞒传曰：太祖初入尉廨，缮治四门。造五色棒，县门左右各十馀枚，有犯禁者，不避豪强，皆棒杀之。后数月，灵帝爱幸小黄门蹇硕叔父夜行，即杀之。京师敛迹，莫敢犯者。近习宠臣咸疾之，然不能伤，于是共称荐之，故迁为顿丘令。

㈣魏书曰：太祖从妹夫㶏强侯宋奇被诛，从坐免官。后以能明古学，复征拜议郎。先是大将军窦武、太傅陈蕃谋诛阉官，反为所害。太祖上书陈武等正直而见陷害，奸邪盈朝，善人壅塞，其言甚切，灵帝不能用。是后诏书敕三府：举奏州县政理无效，民为作谣言者免罢之。三公倾邪，皆希世见用，货赂并行，强者为怨，不见举奏，弱者守道，多被陷毁。太祖疾之。是岁以灾异博问得失，因此复上书切谏，说三公所举奏专回避贵戚之意。奏上，天子感悟，以示三府责让之，诸以谣言征者皆拜议郎。是后政教日乱，豪猾益炽，多所摧毁；太祖知不可匡正，遂不复献言。

光和末，黄巾起。拜骑都尉，讨颍川贼。迁为济南相，国有十馀县，长吏多阿附贵戚，赃污狼藉，于是奏免其八，禁断淫祀；奸宄逃窜，郡界肃然。㈠久之，征还为东郡太守；不就，称疾归乡里。㈡

㈠魏书曰：长吏受取贪饕，依倚贵势，历前相不见举；闻太祖至，咸皆举免，小大震怖，奸宄遁逃，窜入他郡。政教大行，一郡清平。初，城阳景王刘章以有功于汉，故其国为立祠，青州诸郡转相仿效，济南尤盛，至六百馀祠。贾人或假二千石舆服导从作倡乐，奢侈日甚，民坐贫穷，历世长吏无敢禁绝者。太祖到，皆毁坏祠屋，止绝官吏民不得祠祀。及至秉政，遂除奸邪鬼神之事，世之淫祀由此遂绝。

㈡魏书曰：于是权臣专朝，贵戚横恣。太祖不能违道取容，数数干忤，恐为家祸，遂乞留宿卫。拜议郎，常托疾病，辄告归乡里；筑室城外，春夏习读书传，秋冬弋猎，以自娱乐。

顷之，冀州刺史王芬、南阳许攸、沛国周旌等连结豪杰，谋废灵帝，立合肥侯，以告太祖。太祖拒之，芬等遂败。㈠

㈠司马彪九州春秋曰：于是陈蕃子逸与术士平原襄楷会于芬坐，楷曰："天文不利宦者，黄门、常侍〔真〕(贵)族灭矣。"逸喜。芬曰："若然者，芬愿驱除。"于是与攸等结谋。灵帝欲北巡河间旧宅，芬等谋因此作难，上书言黑山贼攻劫郡县，求得起兵。会北方有赤气，东西竟天，太史上言"当有阴谋，不宜北行"，帝乃止。敕芬罢兵，俄而徵之。

芬惧，自杀。

魏书载太祖拒芬辞曰：夫废立之事，天下之至不祥也。古人有权成败、计轻重而行之者，伊尹、霍光是也。伊尹怀至忠之诚，据宰臣之势，处官司之上，故进退废置，计从事立。及至霍光受托国之任，藉宗臣之位，内因太后秉政之重，外有群卿同欲之势；昌邑即位日浅，未有贵宠，朝乏谠臣，议出密近：故计行如转圜，事成如摧朽。今诸君徒见曩者之易，未睹当今之难。诸君自度：结众连党，何若七国？合肥之贵，孰若吴、楚？而造作非常，欲望必克，不亦危乎！

金城边章、韩遂杀刺史郡守以叛，众十馀万，天下骚动。征太祖为典军校尉。会灵帝崩，太子即位，太后临朝。大将军何进与袁绍谋诛宦官，太后不听。进乃召董卓，欲以胁太后，㈠卓未至而进见杀。卓到，废帝为弘农王而立献帝，京都大乱。卓表太祖为骁骑校尉，欲与计事。太祖乃变易姓名，间行东归。㈡出关，过中牟，为亭长所疑，执诣县，邑中或窃识之，为请得解。㈢卓遂杀太后及弘农王。太祖至陈留，散家财，合义兵，将以诛卓。冬十二月，始起兵于己吾。㈣是岁中平六年也。

㈠魏书曰：太祖闻而笑之曰："阉竖之官，古今宜有，但世主不当假之权宠，使至于此。既治其罪，当诛元恶，一狱吏足矣，何必纷纷召外将乎？欲尽诛之，事必宣露，吾见其败也。"

㈡魏书曰：太祖以卓终必覆败，遂不就拜，逃归乡里。从数骑过故人成皋吕伯奢；伯奢不在，其子与宾客共劫太祖，取马及物，太祖手刃击杀数人。

世语曰：太祖过伯奢。伯奢出行，五子皆在，备宾主礼。太祖自以背卓命，疑其图己，手剑夜杀八人而去。

孙盛杂记曰：太祖闻其食器声，以为图己，遂夜杀之。既而凄怆曰："宁我负人，毋人负我！"遂行。

㊂世语曰：中牟疑是亡人，见拘于县。时掾亦已被卓书；唯功曹心知是太祖，以世方乱，不宜拘天下雄儁，因白令释之。

㊃世语曰：陈留孝廉卫兹以家财资太祖，使起兵，众有五千人。

初平元年春正月，后将军袁术、冀州牧韩馥、㊀豫州刺史孔伷、㊁兖州刺史刘岱、㊂河内太守王匡、㊃勃海太守袁绍、陈留太守张邈、东郡太守桥瑁、㊄山阳太守袁遗、㊅济北相鲍信㊆同时俱起兵，众各数万，推绍为盟主。太祖行奋武将军。

㊀英雄记曰：馥字文节，颍川人。为御史中丞。董卓举为冀州牧。于时冀州民人殷盛，兵粮优足。袁绍之在勃海，馥恐其兴兵，遣数部从事守之，不得动摇。东郡太守桥瑁诈作京师三公移书与州郡，陈卓罪恶，云"见逼迫，无以自救，企望义兵，解国患难"。馥得移，请诸从事问曰："今当助袁氏邪，助董卓邪？"治中从事刘子惠曰："今兴兵为国，何谓袁、董！"馥自知言短而有惭色。子惠复言："兵者凶事，不可为首；今宜往视他州，有发动者，然后和之。冀州于他州不为弱也，他人功未有在冀州之右者也。"馥然之。馥乃作书与绍，道卓之恶，听其举兵。

㊁英雄记曰：伷字公绪，陈留人。

张璠汉纪载郑泰说卓云："孔公绪能清谈高论，嘘枯吹生。"

㊂岱，刘繇之兄，事见吴志。

㊃英雄记曰：匡字公节，泰山人。轻财好施，以任侠闻。辟大将军何进

府进符使。匡于徐州发强弩五百西诣京师,会进败,匡还州里。起家,拜河内太守。

谢承后汉书曰:匡少与蔡邕善。其年为卓军所败,走还泰山,收集劲勇得数千人,欲与张邈合。匡先杀执金吾胡母班。班亲属不胜愤怒,与太祖并势,共杀匡。

㊄英雄记曰:瑁字元伟,玄族子。先为兖州刺史,甚有威惠。

㊅遗字伯业,绍从兄。为长安令。河间张超尝荐遗于太尉朱儁,称遗"有冠世之懿,幹时之量。其忠允亮直,固天所纵;若乃包罗载籍,管综百氏,登高能赋,睹物知名,求之今日,邈焉靡俦。"事在超集。

英雄记曰:绍后用遗为扬州刺史,为袁术所败。太祖称"长大而能勤学者,惟吾与袁伯业耳。"语在文帝典论。

㊆信事见子勋传。

二月,卓闻兵起,乃徙天子都长安。卓留屯洛阳,遂焚宫室。是时绍屯河内,邈、岱、瑁、遗屯酸枣,术屯南阳,伷屯颍川,馥在邺。卓兵强,绍等莫敢先进。太祖曰:"举义兵以诛暴乱,大众已合,诸君何疑?向使董卓闻山东兵起,倚王室之重,据二周之险,东向以临天下;虽以无道行之,犹足为患。今焚烧宫室,劫迁天子,海内震动,不知所归,此天亡之时也。一战而天下定矣,不可失也。"遂引兵西,将据成皋。邈遣将卫兹分兵随太祖。到荥阳汴水,遇卓将徐荣,与战不利,士卒死伤甚多。太祖为流矢所中,所乘马被创,从弟洪以马与太祖,得夜遁去。荣见太祖所将兵少,力战尽日,谓酸枣未易攻也,亦引兵还。

太祖到酸枣,诸军兵十馀万,日置酒高会,不图进取。

太祖责让之，因为谋曰："诸君听吾计，使勃海引河内之众临孟津，酸枣诸将守成皋，据敖仓，塞轘辕、太谷，全制其险；使袁将军率南阳之军军丹、析，入武关，以震三辅：皆高垒深壁，勿与战，益为疑兵，示天下形势，以顺诛逆，可立定也。今兵以义动，持疑而不进，失天下之望，窃为诸君耻之！"邈等不能用。

太祖兵少，乃与夏侯惇等诣扬州募兵，刺史陈温、丹阳太守周昕与兵四千馀人。还到龙亢，士卒多叛。㊀至铚、建平，复收兵得千馀人，进屯河内。

㊀魏书曰：兵谋叛，夜烧太祖帐，太祖手剑杀数十人，馀皆披靡，乃得出营；其不叛者五百馀人。

刘岱与桥瑁相恶，岱杀瑁，以王肱领东郡太守。

袁绍与韩馥谋立幽州牧刘虞为帝，太祖拒之。㊀绍又尝得一玉印，于太祖坐中举向其肘，太祖由是笑而恶焉。㊁

㊀魏书载太祖答绍曰：董卓之罪，暴于四海，吾等合大众，兴义兵，而远近莫不响应，此以义动故也。今幼主微弱，制于奸臣，未有昌邑亡国之衅，而一旦改易，天下其孰安之？诸君北面，我自西向。

㊁魏书曰：太祖大笑曰："吾不听汝也。"绍复使人说太祖曰："今袁公势盛兵强，二子已长，天下群英，孰逾于此？"太祖不应。由是益不直绍，图诛灭之。

二年春，绍、馥遂立虞为帝，虞终不敢当。

夏四月，卓还长安。

秋七月，袁绍胁韩馥取冀州。

黑山贼于毒、白绕、眭固等眭，申随反。十馀万众略魏郡、东郡，王肱不能御，太祖引兵入东郡，击白绕于濮阳，破之。袁绍因表太祖为东郡太守，治东武阳。

三年春，太祖军顿丘，毒等攻东武阳。太祖乃引兵西入山，攻毒等本屯。㊀毒闻之，弃武阳还。太祖要击眭固，又击匈奴於夫罗于内黄，皆大破之。㊁

㊀魏书曰：诸将皆以为当还自救。太祖曰："孙膑救赵而攻魏，耿弇欲走西安攻临菑，使贼闻我西而还，武阳自解也；不还，我能败其本屯，虏不能拔武阳必矣。"遂乃行。

㊁魏书曰：於夫罗者，南单于子也。中平中，发匈奴兵，於夫罗率以助汉。会本国反，杀南单于，於夫罗遂将其众留中国。因天下挠乱，与西河白波贼合，破太原、河内，抄略诸郡为寇。

夏四月，司徒王允与吕布共杀卓。卓将李傕、郭汜等杀允攻布，布败，东出武关。傕等擅朝政。

青州黄巾众百万入兖州，杀任城相郑遂，转入东平。刘岱欲击之，鲍信谏曰："今贼众百万，百姓皆震恐，士卒无斗志，不可敌也。观贼众群辈相随，军无辎重，唯以钞略为资。今不若畜士众之力，先为固守；彼欲战不得，攻又不能，其势必离散，后选精锐，据其要害，击之可破也。"岱不从，遂与战，果为所杀。㊀信乃与州吏万潜等至东郡迎太祖，领兖州牧。遂进兵击黄巾于寿张东，信力战斗死，仅而破之。㊁购求信丧不得，众乃刻木如信形状，祭而哭焉。追黄巾至济北。乞降。冬，受降卒三十馀万，男女百馀万口，收其精锐者，号为青州兵。

㊀世语曰：岱既死，陈宫谓太祖曰："州今无主，而王命断绝，宫请说州中。明府寻往牧之，资之以收天下，此霸王之业也。"宫说别驾、治中曰："今天下分裂而州无主，曹东郡，命世之才也，若迎以牧州，必宁生民。"鲍信等亦谓之然。

㊁魏书曰：太祖将步骑千馀人，行视战地，卒抵贼营，战不利，死者数百人，引还。贼寻前进。黄巾为贼久，数乘胜，兵皆精悍。太祖旧兵少，新兵不习练，举军皆惧。太祖被甲婴胄，亲巡将士，明劝赏罚，众乃复奋，承间讨击，贼稍折退。贼乃移书太祖曰："昔在济南，毁坏神坛，其道乃与中黄太乙同，似若知道，今更迷惑。汉行已尽，黄家当立。天之大运，非君才力所能存也。"太祖见檄书，呵骂之，数开示降路；遂设奇伏，昼夜会战，战辄禽获，贼乃退走。

袁术与绍有隙，术求援于公孙瓒，瓒使刘备屯高唐，单经屯平原，陶谦屯发干以逼绍。太祖与绍会击，皆破之。

四年春，军鄄城。荆州牧刘表断术粮道，术引军入陈留，屯封丘，黑山馀贼及於夫罗等佐之。术使将刘详屯匡亭。太祖击详，术救之，与战，大破之。术退保封丘，遂围之，未合。术走襄邑，追到太寿，决渠水灌城。走宁陵，又追之，走九江。夏，太祖还军定陶。

下邳阙宣聚众数千人，自称天子；徐州牧陶谦与共举兵，取泰山华、费，略任城。秋，太祖征陶谦，下十馀城，谦守城不敢出。

是岁，孙策受袁术使渡江，数年间遂有江东。

兴平元年春，太祖自徐州还。初，太祖父嵩，去官后还谯，董卓之乱，避难琅邪，为陶谦所害，故太祖志在复雠东伐。㊀夏，使荀彧、程昱守鄄城，复征陶谦，拔五城，遂略地至东海。还过郯，谦将曹豹与刘备屯郯东，要太祖。太祖击破之，遂攻拔襄贲，所过多所残戮。㊁

㊀世语曰：嵩在泰山华县。太祖令泰山太守应劭送家诣兖州，劭兵未至，陶谦密遣数千骑掩捕。嵩家以为劭迎，不设备。谦兵至，杀太祖弟德于门中。嵩惧，穿后垣，先出其妾，妾肥，不能得出；嵩逃于厕，与妾俱被害，阖门皆死。劭惧，弃官赴袁绍。后太祖定冀州，劭时已死。韦曜吴书曰：太祖迎嵩，辎重百馀两。陶谦遣都尉张闿将骑二百卫送，闿于泰山华、费间杀嵩，取财物，因奔淮南。太祖归咎于陶谦，故伐之。

㊁孙盛曰：夫伐罪吊民，古之令轨；罪谦之由，而残其属部，过矣。

会张邈与陈宫叛迎吕布，郡县皆应。荀彧、程昱保鄄城，范、东阿二县固守，太祖乃引军还。布到，攻鄄城不能下，西屯濮阳。太祖曰："布一旦得一州，不能据东平，断亢父、泰山之道，乘险要我，而乃屯濮阳，吾知其无能为也。"遂进军攻之。布出兵战，先以骑犯青州兵。青州兵奔，太祖陈乱，驰突火出，坠马，烧左手掌。司马楼异扶太祖上马，遂引去。㊀未至营止，诸将未与太祖相见，皆怖。太祖乃自力劳军，令军中促为攻具，进复攻之，与布相守百馀日。蝗虫起，百姓大饿，布粮食亦尽，各引去。

㊀袁暐献帝春秋曰：太祖围濮阳，濮阳大姓田氏为反间，太祖得入城。烧其东门，示无反意。及战，军败。布骑得太祖而不知是，问曰："曹

操何在?”太祖曰:“乘黄马走者是也。”布骑乃释太祖而追黄马者。门火犹盛,太祖突火而出。

秋九月,太祖还鄄城。布到乘氏,为其县人李进所破,东屯山阳。于是〔袁〕绍使人说太祖,欲连和。太祖新失兖州,军食尽,将许之。程昱止太祖,太祖从之。冬十月,太祖至东阿。

是岁谷一斛五十馀万钱,人相食,乃罢吏兵新募者。陶谦死,刘备代之。

二年春,袭定陶。济阴太守吴资保南城,未拔。会吕布至,又击破之。夏,布将薛兰、李封屯钜野,太祖攻之,布救兰,兰败,布走,遂斩兰等。布复从东缗与陈宫将万馀人来战,时太祖兵少,设伏,纵奇兵击,大破之。㈠布夜走,太祖复攻,拔定陶,分兵平诸县。布东奔刘备,张邈从布,使其弟超将家属保雍丘。秋八月,围雍丘。冬十月,天子拜太祖兖州牧。十二月,雍丘溃,超自杀。夷邈三族。邈诣袁术请救,为其众所杀,兖州平,遂东略陈地。

㈠魏书曰:于是兵皆出取麦,在者不能千人,屯营不固。太祖乃令妇人守陴,悉兵拒之。屯西有大堤,其南树木幽深。布疑有伏,乃相谓曰:“曹操多谲,勿入伏中。”引军屯南十馀里。明日复来,太祖隐兵堤里,出半兵堤外。布益进,乃令轻兵挑战,既合,伏兵乃悉乘堤,步骑并进,大破之,获其鼓车,追至其营而还。

是岁,长安乱,天子东迁,败于曹阳,渡河幸安邑。

建安元年春正月,太祖军临武平,袁术所置陈相袁嗣降。

太祖将迎天子，诸将或疑，荀彧、程昱劝之，乃遣曹洪将兵西迎，卫将军董承与袁术将苌奴拒险，洪不得进。

汝南、颍川黄巾何仪、刘辟、黄邵、何曼等，众各数万，初应袁术，又附孙坚。二月，太祖进军讨破之，斩辟、邵等，仪及其众皆降。天子拜太祖建德将军，夏六月，迁镇东将军，封费亭侯。秋七月，杨奉、韩暹以天子还洛阳，㈠奉别屯梁。太祖遂至洛阳，卫京都，暹遁走。天子假太祖节钺，录尚书事。㈡洛阳残破，董昭等劝太祖都许。九月，车驾出轘辕而东，以太祖为大将军，封武平侯。自天子西迁，朝廷日乱，至是宗庙社稷制度始立。㈢

㈠献帝春秋曰：天子初至洛阳，幸城西故中常侍赵忠宅。使张杨缮治宫室，名殿曰扬安殿，八月，帝乃迁居。

㈡献帝纪曰：又领司隶校尉。

㈢张璠汉纪曰：初，天子败于曹阳，欲浮河东下。侍中太史令王立曰："自去春太白犯镇星于牛斗，过天津，荧惑又逆行守北河，不可犯也。"由是天子遂不北渡河，将自轵关东出。立又谓宗正刘艾曰："前太白守天关，与荧惑会；金火交会，革命之象也。汉祚终矣，晋、魏必有兴者。"立后数言于帝曰："天命有去就，五行不常盛，代火者土也，承汉者魏也，能安天下者，曹姓也，唯委任曹氏而已。"公闻之，使人语立曰："知公忠于朝廷，然天道深远，幸勿多言。"

天子之东也，奉自梁欲要之，不及。冬十月，公征奉，奉南奔袁术，遂攻其梁屯，拔之。于是以袁绍为太尉，绍耻

班在公下，不肯受。公乃固辞，以大将军让绍。天子拜公司空，行车骑将军。是岁用枣祗、韩浩等议，始兴屯田。㊀

㊀魏书曰：自遭荒乱，率乏粮谷。诸军并起，无终岁之计，饥则寇略，饱则弃馀，瓦解流离，无敌自破者不可胜数。袁绍之在河北，军人仰食桑椹，袁术在江、淮，取给蒲蠃，民人相食，州里萧条。公曰："夫定国之术，在于强兵足食，秦人以急农兼天下，孝武以屯田定西域，此先代之良式也。"是岁乃募民屯田许下，得谷百万斛。于是州郡例置田官，所在积谷。征伐四方，无运粮之劳，遂兼灭群贼，克平天下。

吕布袭刘备，取下邳。备来奔。程昱说公曰："观刘备有雄才而甚得众心，终不为人下，不如早图之。"公曰："方今收英雄时也，杀一人而失天下之心，不可。"张济自关中走南阳。济死，从子绣领其众。

二年春正月，公到宛。张绣降，既而悔之，复反。公与战，军败，为流矢所中，长子昂、弟子安民遇害。㊀公乃引兵还舞阴，绣将骑来钞，公击破之。绣奔穰，与刘表合。公谓诸将曰："吾降张绣等，失不便取其质，以至于此，吾知所以败。诸卿观之，自今已后不复败矣。"遂还许。㊁

㊀魏书曰：公所乘马名绝影，为流矢所中，伤颊及足，并中公右臂。

世语曰：昂不能骑，进马于公，公故免，而昂遇害。

㊁世语曰：旧制，三公领兵入见，皆交戟叉颈而前。初，公将讨张绣，入觐天子，时始复此制。公自此不复朝见。

袁术欲称帝于淮南，使人告吕布。布收其使，上其书。术怒，攻布，为布所破。秋九月，术侵陈，公东征之。术闻公自来，弃军走，留其将桥蕤、李丰、梁纲、乐就；公到，击破蕤等，皆斩之。术走渡淮。公还许。

公之自舞阴还也，南阳、章陵诸县复叛为绣，公遣曹洪击之，不利，还屯叶，数为绣、表所侵。冬十一月，公自南征，至宛。㊀表将邓济据湖阳。攻拔之，生擒济，湖阳降。攻舞阴，下之。

㊀魏书曰：临淯水，祠亡将士，歔欷流涕，众皆感恸。

三年春正月，公还许，初置军师祭酒。三月，公围张绣于穰。夏五月，刘表遣兵救绣，以绝军后。㊀公将引还，绣兵来〔追〕，公军不得进，连营稍前。公与荀彧书曰："贼来追吾，虽日行数里，吾策之，到安众，破绣必矣。"到安众，绣与表兵合守险，公军前后受敌。公乃夜凿险为地道，悉过辎重，设奇兵。会明，贼谓公为遁也，悉军来追。乃纵奇兵步骑夹攻，大破之。秋七月，公还许。荀彧问公："前以策贼必破，何也？"公曰："虏遏吾归师，而与吾死地战，吾是以知胜矣。"

㊀献帝春秋曰：袁绍叛卒诣公云："田丰使绍早袭许，若挟天子以令诸侯，四海可指麾而定。"公乃解绣围。

吕布复为袁术使高顺攻刘备，公遣夏侯惇救之，不利，备为顺所败。九月，公东征布。冬十月，屠彭城，获其相侯谐。进至下邳，布自将骑逆击，大破之，获其骁将成廉，追至城下。布恐，欲降。陈宫等沮其计，求救于术，劝布出战，战又败，乃还固守，攻之不下。时公连战，士卒罢，欲还，用荀攸、郭嘉计，遂决泗、沂水以灌城。月馀，布将宋宪、魏续等执陈宫，举城降，生禽布、宫，皆杀之。太山臧霸、孙观、吴敦、尹礼、昌豨各聚众。布之破刘备也，霸等悉从布，布败，获霸等，公厚纳待，遂割青、徐二州附于海以委焉，分琅邪、东海、北海为城阳、利城、昌虑郡。

初，公为兖州，以东平毕谌为别驾。张邈之叛也，邈劫谌母弟妻子；公谢遣之，曰："卿老母在彼，可去。"谌顿首无二心，公嘉之，为之流涕。既出，遂亡归。及布破，谌生得，众为谌惧，公曰："夫人孝于其亲者，岂不亦忠于君乎！吾所求也。"以为鲁相。㊀

㊀魏书曰：袁绍宿与故太尉杨彪、大长秋梁绍、少府孔融有隙，欲使公以他过诛之。公曰："当今天下土崩瓦解，雄豪并起，辅相君长，人怀怏怏，各有自为之心，此上下相疑之秋也，虽以无嫌待之，犹惧未信；如有所除，则谁不自危？且夫起布衣，在尘垢之间，为庸人之所陵陷，可胜怨乎！高祖赦雍齿之雠而群情以安，如何忘之？"绍以为公外托公义，内实离异，深怀怨望。

臣松之以为杨彪亦曾为魏武所困，几至于死，孔融竟不免于诛灭，岂所谓先行其言而后从之哉！非知之难，其在行之，信矣。

四年春二月，公还至昌邑。张杨将杨丑杀杨，眭固又杀丑，以其众属袁绍，屯射犬。夏四月，进军临河，使史涣、曹仁渡河击之。固使杨故长史薛洪、河内太守缪尚留守，自将兵北迎绍求救，与涣、仁相遇犬城，交战，大破之，斩固。公遂济河，围射犬。洪、尚率众降，封为列侯，还军敖仓。以魏种为河内太守，属以河北事。

初，公举种孝廉。兖州叛，公曰："唯魏种且不弃孤也。"及闻种走，公怒曰："种不南走越、北走胡，不置汝也！"既下射犬，生禽种，公曰："唯其才也！"释其缚而用之。

是时袁绍既并公孙瓒，兼四州之地，众十馀万，将进军攻许。诸将以为不可敌，公曰："吾知绍之为人，志大而智小，色厉而胆薄，忌克而少威，兵多而分画不明，将骄而政令不一，土地虽广，粮食虽丰，适足以为吾奉也。"秋八月，公进军黎阳，使臧霸等入青州破齐、北海、东安，留于禁屯河上。九月，公还许，分兵守官渡。冬十一月，张绣率众降，封列侯。十二月，公军官渡。

袁术自败于陈，稍困，袁谭自青州遣迎之。术欲从下邳北过，公遣刘备、朱灵要之。会术病死。程昱、郭嘉闻公遣备，言于公曰："刘备不可纵。"公悔，追之不及。备之未东也，阴与董承等谋反，至下邳，遂杀徐州刺史车胄，举兵屯沛。遣刘岱、王忠击之，不克。㊀

㊀献帝春秋曰：备谓岱等曰："使汝百人来，其无如我何；曹公自来，未可知耳！"

魏武故事曰：岱字公山，沛国人。以司空长史从征伐有功，封列侯。

魏略曰：王忠，扶风人。少为亭长。三辅乱，忠饥乏啖人，随辈南向武关。值娄子伯为荆州，遣迎北方客人；忠不欲去，因率等伍逆击之，夺其兵,聚众千馀人以归公。拜忠中郎将,从征讨。五官将知忠尝啖人,因从驾出行,令俳取冢间髑髅系著忠马鞍,以为欢笑。

庐江太守刘勋率众降,封为列侯。

五年春正月,董承等谋泄,皆伏诛。公将自东征备,诸将皆曰:"与公争天下者,袁绍也。今绍方来而弃之东,绍乘人后,若何?"公曰:"夫刘备,人杰也,今不击,必为后患。㊀袁绍虽有大志,而见事迟,必不动也。"郭嘉亦劝公,遂东击备,破之,生禽其将夏侯博;备走奔绍,获其妻子。备将关羽屯下邳,复进攻之,羽降。昌豨叛为备,又攻破之。公还官渡,绍卒不出。

㊀孙盛魏氏春秋云:答诸将曰:"刘备,人杰也,将生忧寡人。"臣松之以为史之记言,既多润色,故前载所述有非实者矣,后之作者又生意改之,于失实也,不亦弥远乎!凡孙盛制书,多用左氏以易旧文,如此者非一。嗟乎,后之学者将何取信哉!且魏武方以天下励志,而用夫差分死之言,尤非其类。

二月,绍遣郭图、淳于琼、颜良攻东郡太守刘延于白马,绍引兵至黎阳,将渡河。夏四月,公北救延。荀攸说公曰:"今兵少不敌,分其势乃可。公到延津,若将渡兵向其后者,绍必西应之,然后轻兵袭白马,掩其不备,颜良可禽也。"公从之。绍闻兵渡,即分兵西应之。公乃引军兼行趣白马,未至十馀里,良大惊,来逆战。使张辽、关羽前登,击破,斩良。遂解白马围,徙其民,循河而西。绍于是渡河追公军,至延津南。公勒兵驻营南阪下,使登垒望之,曰:

"可五六百骑。"有顷,复白:"骑稍多,步兵不可胜数。"公曰:"勿复白。"乃令骑解鞍放马。是时,白马辎重就道。诸将以为敌骑多,不如还保营。荀攸曰:"此所以饵敌,如何去之!"绍骑将文丑与刘备将五六千骑前后至。诸将复白:"可上马。"公曰:"未也。"有顷,骑至稍多,或分趣辎重。公曰:"可矣。"乃皆上马。时骑不满六百,遂纵兵击,大破之,斩丑。良、丑皆绍名将也。再战,悉禽,绍军大震。公还军官渡。绍进保阳武。关羽亡归刘备。

八月,绍连营稍前,依沙埳为屯,东西数十里。公亦分营与相当,合战不利,㊀时公兵不满万,伤者十二三。㊁

㊀习凿齿汉晋春秋曰:许攸说绍曰:"公无与操相攻也。急分诸军持之,而径从他道迎天子,则事立济矣。"绍不从,曰:"吾要当先围取之。"攸怒。

㊁臣松之以为魏武初起兵,已有众五千,自后百战百胜,败者十二三而已矣。但一破黄巾,受降卒三十馀万,馀所吞并,不可悉纪;虽征战损伤,未应如此之少也。夫结营相守,异于摧锋决战。本纪云:"绍众十馀万,屯营东西数十里。"魏太祖虽机变无方,略不世出,安有以数千之兵,而得逾时相抗者哉?以理而言,窃谓不然。绍为屯数十里,公能分营与相当,此兵不得甚少,一也。绍若有十倍之众,理应当悉力围守,使出入断绝;而公使徐晃等击其运车,公又自出击淳于琼等,扬旌往还,曾无抵阂,明绍力不能制,是不得甚少,二也。诸书皆云公坑绍众八万,或云七万。夫八万人奔散,非八千人所能缚,而绍之大众皆拱手就戮,何缘力能制之?是不得甚少,三也。将记述者欲以少见奇,非其实录也。按钟繇传云:"公与绍相持,繇为司隶,送马二千

徐匹以给军。”本纪及世语并云公时有骑六百馀匹，繇马为安在哉？

绍复进临官渡，起土山地道。公亦于内作之，以相应。绍射营中，矢如雨下，行者皆蒙楯，众大惧。时公粮少，与荀彧书，议欲还许。彧以为“绍悉众聚官渡，欲与公决胜败。公以至弱当至强，若不能制，必为所乘，是天下之大机也。且绍，布衣之雄耳，能聚人而不能用。夫以公之神武明哲而辅以大顺，何向而不济！”公从之。

孙策闻公与绍相持，乃谋袭许，未发，为刺客所杀。

汝南降贼刘辟等叛应绍，略许下。绍使刘备助辟，公使曹仁击破之。备走，遂破辟屯。

袁绍运谷车数千乘至，公用荀攸计，遣徐晃、史涣邀击，大破之，尽烧其车。公与绍相拒连月，虽比战斩将，然众少粮尽，士卒疲乏。公谓运者曰：“却十五日为汝破绍，不复劳汝矣。”冬十月，绍遣车运谷，使淳于琼等五人将兵万馀人送之，宿绍营北四十里。绍谋臣许攸贪财，绍不能足，来奔，因说公击琼等。左右疑之，荀攸、贾诩劝公。公乃留曹洪守，自将步骑五千人夜往，会明至。琼等望见公兵少，出陈门外。公急击之，琼退保营，遂攻之。绍遣骑救琼。左右或言“贼骑稍近，请分兵拒之”。公怒曰：“贼在背后，乃白！”士卒皆殊死战，大破琼等，皆斩之。[一]绍初闻公之击琼，谓长子谭曰：“就彼攻琼等，吾攻拔其营，彼固无所归矣！”乃使张郃、高览攻曹洪。郃等闻琼破，遂来

降。绍众大溃，绍及谭弃军走，渡河。追之不及，尽收其辎重图书珍宝，虏其众。㊁公收绍书中，得许下及军中人书，皆焚之。㊂

㊀曹瞒传曰：公闻攸来，跣出迎之，抚掌笑曰："子〔远〕，卿（远）来，吾事济矣！"既入坐，谓公曰："袁氏军盛，何以待之？今有几粮乎？"公曰："尚可支一岁。"攸曰："无是，更言之！"又曰："可支半岁。"攸曰："足下不欲破袁氏邪，何言之不实也！"公曰："向言戏之耳。其实可一月，为之奈何？"攸曰："公孤军独守，外无救援而粮谷已尽，此危急之日也。今袁氏辎重有万馀乘，在故市、乌巢，屯军无严备；今以轻兵袭之，不意而至，燔其积聚，不过三日，袁氏自败也。"

公大喜，乃选精锐步骑，皆用袁军旗帜，衔枚缚马口，夜从间道出，人抱束薪，所历道有问者，语之曰："袁公恐曹操钞略后军，遣兵以益备。"闻者信以为然，皆自若。既至，围屯，大放火，营中惊乱。大破之，尽燔其粮谷宝货，斩督将眭元进、骑督韩莒子、吕威璜、赵叡等首，割得将军淳于仲简鼻，未死，杀士卒千馀人，皆取鼻，牛马割唇舌，以示绍军。将士皆怛惧。时有夜得仲简，将以诣麾下，公谓曰："何为如是？"仲简曰："胜负自天，何用为问乎！"公意欲不杀。许攸曰："明旦鉴于镜，此益不忘人。"乃杀之。

㊁献帝起居注曰：公上言"大将军邺侯袁绍，前与冀州牧韩馥，立故大司马刘虞，刻作金玺，遣故任长毕瑜诣虞，为说命录之数。又绍与臣书云：'可都鄄城，当有所立。'擅铸金银印，孝廉计吏，皆往诣绍。从弟济阴太守叙与绍书云：'今海内丧败，天意实在我家，神应有征，当在尊兄。南兄，臣下欲使即位，南兄言，以年则北兄长，以位则北兄重。便欲送玺，会曹操断道。'绍宗族累世受国重恩，而凶逆无道，乃至于此。辄勒兵马，与战官渡，乘圣朝之威，得斩绍大将淳于琼等八人首，遂大破溃。绍与子谭轻身迸走。凡斩首七万馀级，辎重财物

巨亿。"

㊂魏氏春秋曰:公云:"当绍之强,孤犹不能自保,而况众人乎!"

冀州诸郡多举城邑降者。

初,桓帝时有黄星见于楚、宋之分,辽东殷馗馗,古逵字,见三苍。善天文,言后五十岁,当有真人起于梁、沛之间,其锋不可当。至是凡五十年,而公破绍,天下莫敌矣。

六年夏四月,扬兵河上,击绍仓亭军,破之。绍归,复收散卒,攻定诸叛郡县。九月,公还许。绍之未破也,使刘备略汝南,汝南贼共都等应之。遣蔡扬击都,不利,为都所破。公南征备。备闻公自行,走奔刘表,都等皆散。

七年春正月,公军谯,令曰:"吾起义兵,为天下除暴乱。旧土人民,死丧略尽,国中终日行,不见所识,使吾凄怆伤怀。其举义兵已来,将士绝无后者,求其亲戚以后之,授土田,官给耕牛,置学师以教之。为存者立庙,使视其先人,魂而有灵,吾百年之后何恨哉!"遂至浚仪,治睢阳渠,遣使以太牢祀桥玄。㊀进军官渡。

㊀褒赏令载公祀文曰:故太尉桥公,诞敷明德,泛爱博容。国念明训,士思令谟。灵幽体翳,邈哉晞矣!吾以幼年逮升堂室,特以顽鄙之姿,为大君子所纳。增荣益观,皆由奖助,犹仲尼称不如颜渊,李生之厚叹贾复。士死知己,怀此无忘。又承从容约誓之言:"殂逝之后,路有经由,不以斗酒只鸡过相沃酹,车过三步,腹痛勿怪。"虽临时戏笑之言,非至亲之笃好,胡肯为此辞乎?匪谓灵忿,能诒己疾,怀旧惟顾,念之凄怆。奉命东征,屯次乡里,北望贵土,乃心陵墓。裁致薄

奠，公其尚飨！

绍自军破后，发病欧血，夏五月死。小子尚代，谭自号车骑将军，屯黎阳。秋九月，公征之，连战。谭、尚数败退，固守。

八年春三月，攻其郭，乃出战，击，大破之，谭、尚夜遁。夏四月，进军邺。五月还许，留贾信屯黎阳。

己酉，令曰："司马法：'将军死绥。'㊀故赵括之母，乞不坐括。是古之将者，军破于外，而家受罪于内也。自命将征行，但赏功而不罚罪，非国典也。其令诸将出征，败军者抵罪，失利者免官爵。"㊁

㊀魏书曰：绥，却也。有前一尺，无却一寸。

㊁魏书载庚申令曰：议者或以军吏虽有功能，德行不足堪任郡国之选，所谓"可与适道，未可与权。"管仲曰："使贤者食于能则上尊，斗士食于功则卒轻于死，二者设于国则天下治。"未闻无能之人，不斗之士，并受禄赏，而可以立功兴国者也。故明君不官无功之臣，不赏不战之士；治平尚德行，有事赏功能。论者之言，一似管窥虎欤！

秋七月，令曰："丧乱已来，十有五年，后生者不见仁义礼让之风，吾甚伤之。其令郡国各修文学，县满五百户置校官，选其乡之俊造而教学之，庶几先王之道不废，而有以益于天下。"

八月，公征刘表，军西平。公之去邺而南也，谭、尚争冀州，谭为尚所败，走保平原。尚攻之急，谭遣辛毗乞降请救。诸将皆疑，荀攸劝公许之。㊀公乃引军还。冬十月，到

黎阳，为子整与谭结婚。[二]尚闻公北，乃释平原还邺。东平吕旷、吕翔叛尚，屯阳平，率其众降，封为列侯。[三]

[一]魏书曰：公云："我攻吕布，表不为寇，官渡之役，不救袁绍，此自守之贼也，宜为后图。谭、尚狡猾，当乘其乱。纵谭挟诈，不终束手；使我破尚，偏收其地，利自多矣。"乃许之。

[二]臣松之案：绍死至此，过周五月耳。谭虽出后其伯，不为绍服三年，而于再期之内以行吉礼，悖矣。魏武或以权宜与之约言；今云结婚，未必便以此年成礼。

[三]魏书曰：谭之围解，阴以将军印绶假旷。旷受印送之，公曰："我固知谭之有小计也。欲使我攻尚，得以其间略民聚众，尚之破，可得自强以乘我弊也。尚破我盛，何弊之乘乎？"

九年春正月，济河，遏淇水入白沟以通粮道。二月，尚复攻谭，留苏由、审配守邺。公进军到洹水，由降。既至，攻邺，为土山、地道。武安长尹楷屯毛城，通上党粮道。夏四月，留曹洪攻邺，公自将击楷，破之而还。尚将沮鹄守邯郸，[一]又击拔之，易阳令韩范、涉长梁岐举县降，赐爵关内侯。五月，毁土山、地道，作围堑，决漳水灌城；城中饿死者过半。秋七月，尚还救邺，诸将皆以为"此归师，人自为战，不如避之"。公曰："尚从大道来，当避之；若循西山来者，此成禽耳。"尚果循西山来，临滏水为营。[二]夜遣兵犯围，公逆击破走之，遂围其营。未合，尚惧，〔遣〕故豫州刺史阴夔及陈琳乞降，公不许，为围益急。尚夜遁，保祁山，追击之；其将马延、张顗等临陈降，众大溃，尚走中山。尽获其辎重，得尚印绶节钺，使尚降人示其家，城中崩沮。八月，审配兄子荣夜开所守城东门内兵。配逆战，败，生禽配，斩之，邺定。公临祀绍墓，哭之流涕；慰劳绍妻，还其家人宝物，赐杂缯絮，廪食之。㊂

㊀沮音菹，河朔间今犹有此姓。鹄，沮授子也。

㊁曹瞒传曰：遣候者数部前后参之，皆曰："定从西道，已在邯郸。"公大喜，会诸将曰："孤已得冀州，诸君知之乎？"皆曰："不知。"公曰："诸君方见不久也。"

㊂孙盛云：昔者先王之为诛赏也，将以惩恶劝善，永彰鉴戒。绍因世艰危，遂怀逆谋，上议神器，下干国纪。荐社污宅，古之制也；而乃尽哀于逆臣之家，加恩于饕餮之室，为政之道，于斯踬矣。夫匿怨友人，前哲所耻，税骖旧馆，义无虚涕，苟道乖好绝，何哭之有！昔汉高失之于项氏，魏武遵谬于此举，岂非百虑之一失也。

初绍与公共起兵，绍问公曰："若事不辑，则方面何所可据？"公曰："足下意以为何如？"绍曰："吾南据河，北阻燕、代，兼戎狄之众，南向以争天下，庶可以济乎！"公曰："吾任天下之智力，以道御之，无所不可。"㊀

㊀傅子曰：太祖又云："汤、武之王，岂同土哉？若以险固为资，则不能应机而变化也。"

九月令曰："河北罹袁氏之难，其令无出今年租赋！"重豪强兼并之法。百姓喜悦。㊀天子以公领冀州牧，公让还兖州。

㊀魏书载公令曰："有国有家者，不患寡而患不均，不患贫而患不安。"

袁氏之治也，使豪强擅恣，亲戚兼并；下民贫弱，代出租赋，衒鬻家财，不足应命。审配宗族，至乃藏匿罪人，为逋逃主；欲望百姓亲附，甲兵强盛，岂可得邪！其收田租亩四升，户出绢二匹、绵二斤而已，他不得擅兴发。郡国守相明检察之，无令强民有所隐藏，而弱民兼赋也。

公之围邺也，谭略取甘陵、安平、勃海、河间。尚败，还中山。谭攻之，尚奔故安，遂并其众。公遗谭书，责以负约，与之绝婚，女还，然后进军。谭惧，拔平原，走保南皮。十二月，公入平原，略定诸县。

十年春正月，攻谭，破之，斩谭，诛其妻子，冀州平。㊀下令曰："其与袁氏同恶者，与之更始。"令民不得复私雠，禁厚葬，皆一之于法。是月，袁熙大将焦触、张南等叛攻熙、尚，熙、尚奔三郡乌丸。触等举其县降，封为列侯。初讨谭时，民亡椎冰，㊁令不得降。顷之，亡民有诣门首者，公谓曰："听汝则违命，杀汝则诛首，归深自藏，无为吏所获。"民垂泣而去，后竟捕得。

㊀魏书曰：公攻谭，旦及日中不决；公乃自执桴鼓，士卒咸奋，应时破陷。

㊁臣松之以为讨谭时，川渠水冻，使民椎冰以通船，民惮役而亡。

夏四月，黑山贼张燕率其众十馀万降，封为列侯。故安赵犊、霍奴等杀幽州刺史、涿郡太守，三郡乌丸攻鲜于辅于犷平。㊀秋八月，公征之，斩犊等，乃渡潞河救犷平，乌丸奔走出塞。

㊀续汉书郡国志曰：犷平，县名，属渔阳郡。

九月令曰："阿党比周，先圣所疾也。闻冀州俗，父子异部，更相毁誉。昔直不疑无兄，世人谓之盗嫂；第五伯鱼三娶孤女，谓之挝妇翁；王凤擅权，谷永比之申伯；王商忠议，张匡谓之左道：此皆以白为黑，欺天罔君者也。吾欲整齐风俗，四者不除，吾以为羞。"冬十月，公还邺。

初，袁绍以甥高幹领并州牧，公之拔邺，幹降，遂以为刺史。幹闻公讨乌丸，乃以州叛，执上党太守，举兵守壶关口。遣乐进、李典击之，幹还守壶关城。

十一年春正月，公征幹。幹闻之，乃留其别将守城，走入匈奴，求救于单于，单于不受。公围壶关三月，拔之。幹遂走荆州，上洛都尉王琰捕斩之。

秋八月，公东征海贼管承，至淳于，遣乐进、李典击破之，承走入海岛。割东海之襄贲、郯、戚以益琅邪，省昌虑郡。㊀

㊀魏书载十月乙亥令曰：夫治世御众，建立辅弼，诫在面从，诗称"听用我谋，庶无大悔"，斯实君臣恳恳之求也。吾充重任，每惧失中，频年以来，不闻嘉谋，岂吾开延不勤之咎邪？自今以后，诸掾属治中、别驾，常以月旦各名其失，吾将览焉。

三郡乌丸承天下乱，破幽州，略有汉民合十馀万户，袁绍皆立其酋豪为单于，以家人子为己女，妻焉。辽西单于蹋顿尤强，为绍所厚，故尚兄弟归之，数入塞为害。公将征之，凿渠，自呼沲入泒水，泒音孤。名平虏渠；又从泃河口泃音句。凿入潞河，名泉州渠，以通海。

十二年春二月，公自淳于还邺。丁酉令曰："吾起义兵，诛暴乱，于今十九年，所征必克，岂吾功哉？乃贤士大夫之力也。天下虽未悉定，吾当要与贤士大夫共定之；而专飨其劳，吾何以安焉！其促定功行封。"于是大封功臣二十馀人，皆为列侯，其馀各以次受封，及复死事之孤，轻重各有差。㊀

㊀魏书载公令曰：昔赵奢、窦婴之为将也，受赐千金，一朝散之，故能济成大功，永世流声；吾读其文，未尝不慕其为人也。与诸将士大夫共从戎事，幸赖贤人不爱其谋，群士不遗其力，是以夷险平乱，而吾得窃大赏，户邑三万。追思窦婴散金之义，今分所受租与诸将掾属及故戍于陈、蔡者，庶以畴答众劳，不擅大惠也。宜差死事之孤，以租谷及之。若年殷用足，租奉毕入，将大与众人悉共飨之。

将北征三郡乌丸，诸将皆曰："袁尚，亡虏耳，夷狄贪而无亲，岂能为尚用？今深入征之，刘备必说刘表以袭许，万一为变，事不可悔。"惟郭嘉策表必不能任备，劝公行。夏五月，至无终。秋七月，大水，傍海道不通，田畴请为乡导，公从之。引军出卢龙塞，塞外道绝不通，乃堑山堙谷五百馀里，经白檀，历平冈，涉鲜卑庭，东指柳城。未至二百里，虏乃知之。尚、熙与蹋顿、辽西单于楼班、右北平单于能臣抵之等将数万骑逆军。八月，登白狼山，卒与虏遇，众甚盛。公车重在后，被甲者少，左右皆惧。公登高，望虏陈不整，乃纵兵击之，使张辽为先锋，虏众大奔，斩蹋顿及名王已下，胡、汉降者二十馀万口。辽东单于速仆丸及辽西、北平诸豪，弃其种人，与尚、熙奔辽东，众尚有数千骑。初，辽东太守公孙康恃远不服。及公破乌丸，或说公遂征之，尚兄弟可禽也。公曰："吾方使康斩送尚、熙首，不烦兵矣。"九月，公引兵自柳城还。㊀康即斩尚、熙及速仆丸等，传其首。诸将或问："公还而康斩送尚、熙，何也?"公曰："彼素畏尚等，吾急之则并力，缓之则自相图，其势然也。"十一月至易水，代郡乌丸行单于普富卢、上郡乌丸行单于那楼将其名王来贺。

㊀曹瞒传曰：时寒且旱，二百里无复水，军又乏食，杀马数千匹以为粮，凿地入三十馀丈乃得水。既还，科问前谏者，众莫知其故，人人皆惧。公皆厚赏之，曰："孤前行，乘危以徼幸，虽得之，天所佐也，故不可以为常。诸君之谏，万安之计，是以相赏，后勿难言之。"

十三年春正月，公还邺，作玄武池以肄舟师。㊀汉罢三公官，置丞相、御史大夫。夏六月，以公为丞相。㊁

㊀肄，以四反。三苍曰："肄，习也。"

㊁献帝起居注曰：使太常徐璆即授印绶。御史大夫不领中丞，置长史一人。

先贤行状曰：璆字孟〔玉〕(平)，广陵人。少履清爽，立朝正色。历任城、汝南、东海三郡，所在化行。被征当还，为袁术所劫。术僭号，欲授以上公之位，璆终不为屈。术死后，璆得术玺，致之汉朝，拜卫尉太常，公为丞相，以位让璆焉。

秋七月，公南征刘表。八月，表卒，其子琮代，屯襄阳，刘备屯樊。九月，公到新野，琮遂降，备走夏口。公进军江陵，下令荆州吏民，与之更始。乃论荆州服从之功，侯者十五人，以刘表大将文聘为江夏太守，使统本兵，引用荆州名士韩嵩、邓义等。㊀益州牧刘璋始受征役，遣兵给军。十二月，孙权为备攻合肥。公自江陵征备，至巴丘，遣张憙救合肥。权闻憙至，乃走。公至赤壁，与备战，不利。于是大疫，吏士多死者，乃引军还。备遂有荆州、江南诸郡。㊁

㊀卫恒四体书势序曰：上谷王次仲善隶书，始为楷法。至灵帝好书，世多能者。而师宜官为最，甚矜其能，每书，辄削焚其札。梁鹄乃益为版而饮之酒，候其醉而窃其札，鹄卒以攻书至选部尚书。于是公欲为洛阳令，鹄以为北部尉。鹄后依刘表，及荆州平，公募求鹄，鹄惧，自缚诣门，署军假司马，使在秘书，以〔勒〕(勤)书自效。公尝悬著帐中，及以钉壁玩之，谓胜宜官。鹄字孟黄，安定人。魏宫殿题署，皆鹄书也。

皇甫谧逸士传曰：汝南王儁，字子文，少为范滂、许章所识，与南阳岑晊善。公之为布衣，特爱儁；儁亦称公有治世之具。及袁绍与弟术丧母，归葬汝南，儁与公会之，会者三万人。公于外密语儁曰："天下将乱，为乱魁者必此二人也。欲济天下，为百姓请命，不先诛此二子，乱今作矣。"儁曰："如卿之言，济天下者，舍卿复谁？"相对而笑。儁为人外静而内明，不应州郡三府之命。公车征，不到，避地居武陵，归儁者一百馀家。帝之都许，复征为尚书，又不就。刘表见绍强，阴与绍通。儁谓表曰："曹公，天下之雄也，必能兴霸道，继桓、文之功者也。今乃释近而就远，如有一朝之急，遥望漠北之救，不亦难乎！"表不从。儁年六十四，以寿终于武陵，公闻而哀伤。及平荆州，自临江迎丧，改葬于江陵，表为先贤也。

㊁山阳公载记曰：公船舰为备所烧，引军从华容道步归，遇泥泞，道不

通，天又大风，悉使羸兵负草填之，骑乃得过。羸兵为人马所蹈藉，陷泥中，死者甚众。军既得出，公大喜，诸将问之，公曰："刘备，吾俦也，但得计少晚；向使早放火，吾徒无类矣。"备寻亦放火而无所及。孙盛异同评曰：按吴志，刘备先破公军，然后权攻合肥，而此记云权先攻合肥，后有赤壁之事。二者不同，吴志为是。

十四年春三月，军至谯，作轻舟，治水军。秋七月，自涡入淮，出肥水，军合肥。辛未令曰："自顷已来，军数征行，或遇疫气，吏士死亡不归，家室怨旷，百姓流离，而仁者岂乐之哉？不得已也。其令死者家无基业不能自存者，县官勿绝廪，长吏存恤抚循，以称吾意。"置扬州郡县长吏，开芍陂屯田。十二月，军还谯。

十五年春，下令曰："自古受命及中兴之君，曷尝不得贤人君子与之共治天下者乎！及其得贤也，曾不出闾巷，岂幸相遇哉，上之人不求之耳。今天下尚未定，此特求贤之急时也。'孟公绰为赵、魏老则优，不可以为滕、薛大夫。'若必廉士而后可用，则齐桓其何以霸世！今天下得无有被褐怀玉而钓于渭滨者乎？又得无盗嫂受金而未遇无知者乎？二三子其佐我明扬仄陋，唯才是举，吾得而用之。"冬，作铜雀台。㊀

㊀魏武故事载公十二月己亥令曰：孤始举孝廉，年少，自以本非岩穴知名之士，恐为海内人之所见凡愚，欲为一郡守，好作政教以建立名誉，使世士明知之；故在济南，始除残去秽，平心选举，违迕诸常侍。以为强豪所忿，恐致家祸，故以病还。去官之后，年纪尚少，顾视同岁中，年有五十，未名为老，内自图之，从此却去二十年，待天下清，乃与同

岁中始举者等耳。故以四时归乡里，于谯东五十里筑精舍，欲秋夏读书，冬春射猎，求底下之地，欲以泥水自蔽，绝宾客往来之望，然不能得如意。后征为都尉，迁典军校尉，意遂更欲为国家讨贼立功，欲望封侯作征西将军，然后题墓道言“汉故征西将军曹侯之墓”，此其志也。而遭值董卓之难，兴举义兵。是时合兵能多得耳，然常自损，不欲多之；所以然者，多兵意盛，与强敌争，倘更为祸始。故汴水之战数千，后还到扬州更募，亦复不过三千人，此其本志有限也。后领兖州，破降黄巾三十万众。又袁术僭号于九江，下皆称臣，名门曰建号门，衣被皆为天子之制，两妇预争为皇后。志计已定，人有劝术使遂即帝位，露布天下，答言“曹公尚在，未可也”。后孤讨禽其四将，获其人众，遂使术穷亡解沮，发病而死。及至袁绍据河北，兵势强盛，孤自度势，实不敌之，但计投死为国，以义灭身，足垂于后。幸而破绍，枭其二子。又刘表自以为宗室，包藏奸心，乍前乍却，以观世事，据有当州。孤复定之，遂平天下。身为宰相，人臣之贵已极，意望已过矣。今孤言此，若为自大，欲人言尽，故无讳耳。设使国家无有孤，不知当几人称帝，几人称王。或者人见孤强盛，又性不信天命之事，恐私心相评，言有不逊之志，妄相忖度，每用耿耿。齐桓、晋文所以垂称至今日者，以其兵势广大，犹能奉事周室也。论语云：“三分天下有其二，以服事殷，周之德可谓至德矣。”夫能以大事小也。昔乐毅走赵，赵王欲与之图燕，乐毅伏而垂泣，对曰：“臣事昭王，犹事大王；臣若获戾，放在他国，没世然后已，不忍谋赵之徒隶，况燕后嗣乎！”胡亥之杀蒙恬也，恬曰：“自吾先人及至子孙，积信于秦三世矣；今臣将兵三十馀万，其势足以背叛，然自知必死而守义者，不敢辱先人之教以忘先王也。”孤每读此二人书，未尝不怆然流涕也。孤祖父以至孤身，皆当亲重之任，可谓见信者矣，以及子〔桓〕（植）兄弟，过于三世矣。孤非徒对诸君说此也，常以语妻妾，皆令深知此意。孤谓之言：“顾我万年之后，汝曹皆当出嫁，欲令传道我心，使他人皆知之。”孤此言皆肝鬲之要也。所以勤勤恳恳叙心腹者，见周公有金縢之书以自明，恐人不信之故。然欲孤便尔委捐所典兵众，以还执事，归就武平侯国，实不可也。何者？诚恐已离兵为人所祸也，既为子孙计，又已败则国家倾危，是以不得慕虚名而处实祸，此所不得为也。前朝恩封三子为侯，固辞不受，今更欲受之，非欲复以为荣，欲以为外援为万安计。孤闻介推之避晋封，申胥之逃楚赏，未尝不舍书而叹，有以自省也。奉国威灵，仗钺征伐，推弱以克强，处小而禽大，意之所图，动无违事，心之所虑，何向不济，遂荡平天下，不辱主命，可谓天助汉室，非人力也。然封兼四县，食户三万，何德堪之！江湖未静，不可让位；至于邑土，可得而辞。今上还阳夏、柘、苦三县户二万，但食武平万户，且以分损谤议，少减孤之责也。

十六年春正月，㊀天子命公世子丕为五官中郎将，置官属，为丞相副。太原商曜等以大陵叛，遣夏侯渊、徐晃围破之。张鲁据汉中，三月，遣钟繇讨之，公使渊等出河东与繇会。

㊀魏书曰：庚辰，天子报：减户五千，分所让三县万五千，封三子，植为平原侯，据为范阳侯，豹为饶阳侯，食邑各五千户。

是时关中诸将疑繇欲自袭，马超遂与韩遂、杨秋、李堪、成宜等叛，遣曹仁讨之。超等屯潼关，公敕诸将："关西兵精悍，坚壁勿与战。"秋七月，公西征，㊀与超等夹关而军。公急持之，而潜遣徐晃、朱灵等夜渡蒲阪津，据河西为营。公自潼关北渡，未济，超赴船急战。校尉丁斐因放牛马以饵贼，贼乱，取牛马，公乃得渡，㊁循河为甬道而南。贼退拒渭口，公乃多设疑兵，潜以舟载兵入渭，为浮桥，夜，分兵结营于渭南。贼夜攻营,伏兵击破之。超等屯渭南,遣信求割河以西请和,公不许。九月,进军渡渭。[三]超等数挑战,又不许;固请割地,求送任子,公用贾诩计,伪许之。韩遂请与公相见,公与遂父同岁孝廉,又与遂同时侪辈,于是交马语移时,不及军事,但说京都旧故,拊手欢笑。既罢,超等问遂:"公何言?"遂曰:"无所言也。"超等疑之。[四]他日,公又与遂书,多所点窜,如遂改定者;超等愈疑遂。公乃与克日会战,先以轻兵挑之,战良久,乃纵虎骑夹击,大破之,斩成宜、李堪等。遂、超等走凉州,杨秋奔安定,关中平。诸将或问公曰:"初,贼守潼关,渭北道缺,不从河东击冯翊而反守潼关,引日而后北渡,何也?"公曰:"贼守潼关,若吾入河东,贼必引守诸津,则西河未可渡,吾故盛兵向潼关;贼悉众南守,西河之备虚,故二将得擅取西河;然后引军北渡,贼不能与吾争西河者,以有二将之军也。连车树栅,为甬道而南,[五]既为不可胜,且以示弱。渡渭为坚垒,虏至不出,所以骄之也;故贼不为营垒而求割地。吾顺言许之,所以从其意,使自安而不为备,因畜士卒之力,一旦击之,所谓疾雷不及掩耳。兵之变化,固非一道也。"始,贼每一部到,公辄有喜色。贼破之后,诸将问其故。公答曰:"关中长远,若贼各依险阻,征之,不一二年不可定也。今皆来集,其众虽多,莫相归服,军无适主,一举可灭,为功差易,吾是以喜。"

[一]魏书曰:议者多言"关西兵强,习长矛,非精选前锋,则不可以当也。"

公谓诸将曰："战在我，非在贼也。贼虽习长矛，将使不得以刺，诸君但观之耳。"

㊁曹瞒传曰：公将过河，前队适渡，超等奄至，公犹坐胡床不起。张郃等见事急，共引公入船，河水急，比渡，流四五里，超等骑追射之，矢下如雨。诸将见军败，不知公所在，皆惶惧，至见，乃悲喜，或流涕。公大笑曰："今日几为小贼所困乎！"

㊂曹瞒传曰：时公军每渡渭，辄为超骑所冲突，营不得立，地又多沙，不可筑垒。娄子伯说公曰："今天寒，可起沙为城，以水灌之，可一夜而成。"公从之，乃多作缣囊以运水，夜渡兵作城，比明，城立，由是公军尽得渡渭。

或疑于时九月，水未应冻。臣松之按魏书：公军八月至潼关，闰月北渡河，则其年闰八月也，至此容可大寒邪！

㊃魏书曰：公后日复与遂等会语，诸将曰："公与虏交语，不宜轻脱，可为木行马以为防遏。"公然之，贼将见公，悉于马上拜，秦、胡观者，前后重沓，公笑谓贼曰："汝欲观曹公邪？亦犹人也，非有四目两口，但多智耳！"胡前后大观。又列铁骑五千为十重陈，精光耀日，贼益震惧。

㊄臣松之案：汉高祖二年，与楚战荥阳京、索之间，筑甬道属河以取敖仓粟。应劭曰："恐敌钞辎重，故筑垣墙如街巷也。"今魏武不筑垣墙，但连车树栅以扞两面。

冬十月，军自长安北征杨秋，围安定。秋降，复其爵位，使留抚其民人。㊀十二月，自安定还，留夏侯渊屯长安。

㊀魏略曰：杨秋，黄初中迁讨寇将军，位特进，封临泾侯，以寿终。

十七年春正月，公还邺。天子命公赞拜不名，入朝不趋，剑履上殿，如萧何故事。马超馀众梁兴等屯蓝田，使夏侯渊击平之。割河内之荡阴、朝歌、林虑，东郡之卫国、顿丘、东武阳、发干，钜鹿之廮陶、曲周、南和，广平之任城，赵之襄国、邯郸、易阳以益魏郡。

冬十月，公征孙权。

十八年春正月，进军濡须口，攻破权江西营，获权都督公孙阳，乃引军还。诏书并十四州，复为九州。夏四月，至邺。

五月丙申，天子使御史大夫郗虑持节策命公为魏公，㊀曰："朕以不德，少遭愍凶，越在西土，迁于唐、卫。当此之时，若缀旒然，㊁宗庙乏祀，社稷无位；群凶觊觎，分裂诸夏，率土之民，朕无获焉，即我高祖之命将坠于地。朕用夙兴假寐，震悼于厥心，曰'惟祖惟父，股肱先正，㊂其孰能恤朕躬？'乃诱天衷，诞育丞相，保乂我皇家，弘济于艰难，朕实赖之。今将授君典礼，其敬听朕命。昔者董卓初兴国难，群后释位以谋王室；㊃君则摄进，首启戎行，此君之忠于本朝也。后及黄巾反易天常，侵我三州，延及平民；君又翦之以宁东夏，此又君之功也。韩暹、杨奉专用威命；君则致讨，克黜其难，遂迁许都，造我京畿，设官兆祀，不失旧物，天地鬼神于是获乂，此又君之功也。袁术潜逆，肆于淮南，慑惮君灵，用丕显谋，蕲阳之役，桥蕤授首，棱威南迈，术以陨溃，此又君之功也。回戈东征，吕布就戮，乘辕将返，张杨殂毙，眭固伏罪，张绣稽服，此又君之功也。袁绍逆乱天常，谋危社稷，凭恃其众，称兵内侮。当此之时，王师寡弱，天下寒心，莫有固志；君执大节，精贯白日，奋其武怒，运其神策，致届官渡，大歼丑类，㊄俾我国家拯于危坠，此又君之功也。济师洪河，拓定四州，袁谭、高幹，咸枭其首，海盗奔迸，黑山顺轨，此又君之功也。乌丸三种，崇乱二世，袁尚因之，逼据塞北；束马县车，一征而灭，此又君之功也。刘表背诞，不供贡职，王师首路，威风先逝，百城八郡，交臂屈膝，此又君之功也。马超、成宜，同恶相济，滨据河、潼，求逞所欲；殄之渭南，献馘万计，遂定边境，抚和戎狄，此又君之功也。鲜卑、丁零，重译而至，〔箄〕（单）于、白屋，请吏率职，此又君之功也。君有定天下之功，重之以明德，班叙海内，宣美风俗，旁施勤教，恤慎刑狱，吏无苛政，民无怀慝；敦崇帝族，表继绝世，旧德前功，罔不咸秩；虽伊尹格于皇天，周公光于四海，方之蔑如也。

㊀续汉书曰：虑字鸿豫，山阳高平人。少受业于郑玄，建安初为侍中。虞溥江表传曰：献帝尝特见虑及少府孔融，问融曰："鸿豫何所优长？"融曰："可与适道，未可与权。"虑举笏曰："融昔宰北海，政散民流，其权安在也！"遂与融互相长短，以至不睦。公以书和解之。虑从光禄勋迁为大夫。

㊁公羊传曰：君若赘旒然。何休云："赘，犹缀也，旒，旗旒也，以旒譬者，言为下所执持东西也。"

㊂文侯之命曰：亦惟先正。郑玄云："先正，先臣，谓公卿大夫也。"

㊃左氏传曰：诸侯释位以间王政。服虔曰："言诸侯释其私政而佐

王室。”

㊄诗曰：致天之届，于牧之野。郑玄云：“届，极也。”鸿范曰：鲧则殛死。

朕闻先王并建明德，胙之以土，分之以民，崇其宠章，备其礼物，所以藩卫王室，左右厥世也。其在周成，管、蔡不静，惩难念功，乃使邵康公赐齐太公履，东至于海，西至于河，南至于穆陵，北至于无棣，五侯九伯，实得征之，世祚太师，以表东海；爰及襄王，亦有楚人不供王职，又命晋文登为侯伯，锡以二辂、虎贲、鈇钺、秬鬯、弓矢，大启南阳，世作盟主；故周室之不坏，繄二国是赖。今君称丕显德，明保朕躬，奉答天命，导扬弘烈，绥爰九域，莫不率俾，㊀功高于伊、周，而赏卑于齐、晋，朕甚恧焉。朕以眇眇之身，托于兆民之上，永思厥艰，若涉渊冰，非君攸济，朕无任焉。

㊀盘庚曰：绥爰有众。郑玄曰：“爰，于也，安隐于其众也。”君奭曰：海隅出日，罔不率俾。率，循也。俾，使也。四海之隅，日出所照，无不循度而可使也。

今以冀州之河东、河内、魏郡、赵国、中山、常山、钜鹿、安平、甘陵、平原凡十郡，封君为魏公。锡君玄土，苴以白茅，爰契尔龟，用建冢社。昔在周室，毕公、毛公，入为卿佐，周、邵师保，出为二伯。外内之任，君实宜之，其以丞相领冀州牧如故。又加君九锡，其敬听朕命。以君经纬礼律，为民轨仪，使安职业，无或迁志，是用锡君大辂、戎辂各一，玄牡二驷。君劝分务本，穑人昏作，㊀粟帛滞积，大业惟兴，是用锡君衮冕之服，赤舄副焉。君敦尚谦让，俾民兴行，少长有礼，上下咸和，是用锡君轩县之乐，六佾之舞。君翼宣风化，爰发四方，远人革面，华夏充实，是用锡君朱户以居。君研其明哲，思帝所难，官才任贤，群善必举，是用锡君纳陛以登。君秉国之钧，正色处中，纤毫之恶，靡不抑退，是用锡君虎贲之士三百人。君纠虔天刑，章厥有罪，㊁犯关干纪，莫不诛殛，是用锡君鈇钺各一。君龙骧虎视，旁眺八维，掩讨逆节，折冲四海，是用锡君彤弓一，彤矢百，玈弓十，玈矢千。君以温恭为基，孝友为德，明允笃诚，感于朕思，是用锡君秬鬯一卣，珪瓒副焉。魏国置丞相已下群卿百寮，皆如汉初诸侯王之制。往钦哉，敬服朕命，简恤尔众，时亮庶功，用终尔显德，对扬我高祖之休命。"㊂

㊀盘庚曰：堕农自安，不昏作劳。郑玄云："昏，勉也。"

㊁"纠虔天刑"语出国语，韦昭注曰："纠，察也。虔，敬也。刑，法也。"

㊂后汉尚书左丞潘勖之辞也，勖字元茂，陈留中牟人。

魏书载公令曰："夫受九锡，广开土宇，周公其人也。汉之异姓八王者，与高祖俱起布衣，创定王业，其功至大，吾何可比之？"前后三让。于是中军师（王）陵树亭侯荀攸、前军师东武亭侯钟繇、左军师凉茂、右军师毛玠、平虏将军华乡侯刘勋、建武将军清苑亭侯刘若、伏波将军高安侯夏侯惇、扬武将军都亭侯王忠、奋威将军乐乡侯刘展、建忠将军昌乡亭侯鲜于辅、奋武将军安国亭侯程昱、太中大夫都乡侯贾诩、军师祭酒千秋亭侯董昭、都亭侯薛洪、南乡亭侯董蒙、关内侯王粲、傅巽、祭酒王选、袁涣、王朗、张承、任藩、杜袭、中护军国明亭侯曹洪、中领军万岁亭侯韩浩、行骁骑将军安平亭侯曹仁、领护军将军王图、长史万潜、谢奂、袁霸等劝进曰："自古三代，胙臣以土，受命中兴，封秩辅佐，皆所以褒功赏德，为国藩卫也。往者天下崩乱，群凶豪起，颠越跋扈之险，不可忍言。明公奋身出命以徇其难，诛二袁篡盗之逆，灭黄巾贼乱之类，殄夷首逆，芟拨荒秽，沐浴霜露二十馀年，书契以来，未有若此功者。昔周公承文、武之迹，受已成之业，高枕墨笔，拱揖群后，商奄之勤，不过二年，吕望因三分有二之形，据八百诸侯之势，暂把旄钺，一时指麾，然皆大启土宇，跨州兼国。周公八子，并为侯伯，白牡骍刚，郊祀天地，典策备物，拟则王室，荣章宠盛如此之弘也。逮至汉兴，佐命之臣，张耳、吴芮，其功至薄，亦连城开地，南面称孤。此皆明君达主行之于上，贤臣圣宰受之于下，三代令典，汉帝明制。今比劳则周、吕逸，计功则张、吴微，论制则齐、鲁重，言地则长沙多；然则魏国之封，九锡之荣，况于旧赏，犹怀玉而被褐也。且列侯诸将，幸攀龙骥，得窃微劳，佩紫怀黄，盖以百数，亦将因此传之万世，而明公独辞赏于上，将使其下怀不自安，上违圣朝欢心，下失冠带至望，忘辅弼之大业，信匹夫之细行，攸等所大惧也。"

于是公敕外为章，但受魏郡。攸等复曰："伏见魏国初封，圣朝发虑，稽谋群寮，然后策命，而明公久违上指，不即大礼，今既虔奉诏命，副顺众望，又欲辞多当少，让九受一，是犹汉朝之赏不行，而攸等之请未许也。昔齐、鲁之封，奄有东海，疆域井赋，四百万家，基隆业广，易以立功，故能成翼戴之勋，立一匡之绩。今魏国虽有十郡之名，犹减于曲阜，计其户数，不能参半，以藩卫王室，立垣树屏，犹未足也。且圣上览亡秦无辅之祸，惩曩日震荡之艰，托建忠贤，废坠是为，愿明公恭承帝命，无或拒违。"公乃受命。

魏略载公上书谢曰：臣蒙先帝厚恩，致位郎署，受性疲怠，意望毕足，非敢希望高位，庶几显达。会董卓作乱，义当死难，故敢奋身出命，摧锋率众，遂值千载之运，奉役目下。当二袁炎沸侵侮之际，陛下与臣寒心同忧，顾瞻京师，进受猛敌，常恐君臣俱陷虎口，诚不自意能全首领。赖祖宗灵佑，丑类夷灭，得使微臣窃名其间。陛下加恩，授以上相，封爵宠禄，丰大弘厚，生平之愿，实不望也。口与心计，幸且待罪，保持列侯，遗付子孙，自托圣世，永无忧责。不意陛下乃发盛意，开国备锡，以贶愚臣，地比齐、鲁，礼同藩王，非臣无功所宜膺据。归情上闻，不蒙听许，严诏切至，诚使臣心俯仰逼迫。伏自惟省，列在大臣，命制王室，身非己有，岂敢自私，遂其愚意，亦将黜退，令就初服。今奉疆土，备数藩翰，非敢远期，虑有后世；至于父子，相誓终身，灰躯尽命，报塞厚恩。天威在颜，悚惧受诏。

秋七月，始建魏社稷宗庙。天子聘公三女为贵人，少者待年于国。㈠九月，作金虎台，凿渠引漳水入白沟以通河。冬十月，分魏郡为东西部，置都尉。十一月，初置尚书、侍中、六卿。㈡

㈠献帝起居注曰：使使持节行太常大司农安阳亭侯王邑，赍璧、帛、玄纁、绢五万匹之邺纳聘，介者五人，皆以议郎行大夫事，副介一人。

㈡魏氏春秋曰：以荀攸为尚书令，凉茂为仆射，毛玠、崔琰、常林、徐奕、何夔为尚书，王粲、杜袭、卫觊、和洽为侍中。

马超在汉阳，复因羌、胡为害，氐王千万叛应超，屯兴国。使夏侯渊讨之。

十九年春正月，始耕籍田。南安赵衢、汉阳尹奉等讨超，枭其妻子，超奔汉中。韩遂徙金城，入氐王千万部，率羌、胡万馀骑与夏侯渊战，击，大破之，遂走西平。渊与诸将攻兴国，屠之，省安东、永阳郡。

安定太守毌丘兴将之官，公戒之曰："羌、胡欲与中国通，自当遣人来，慎勿遣人往。善人难得，必将教羌、胡妄有所请求，因欲以自利；不从便为失异俗意，从之则无益事。”兴至，遣校尉范陵至羌中，陵果教羌，使自请为属国都尉。公曰：“吾预知当尔，非圣也，但更事多耳。”㊀

㊀献帝起居注曰：使行太常事大司农安阳亭侯王邑与宗正刘艾，皆持节，介者五人，赍束帛驷马，及给事黄门侍郎、掖庭丞、中常侍二人，迎二贵人于魏公国。二月癸亥，又于魏公宗庙授二贵人印绶。甲子，诣魏公宫延秋门，迎贵人升车。魏遣郎中令、少府、博士、御府乘黄厩令、丞相掾属侍送贵人。癸酉，二贵人至洧仓中，遣侍中丹将冗从虎贲前后骆驿往迎之。乙亥，二贵人入宫，御史大夫、中二千石将大夫、议郎会殿中，魏国二卿及侍中、中郎二人，与汉公卿并升殿宴。

三月，天子使魏公位在诸侯王上，改授金玺、赤绂、远游冠。㊀

㊀献帝起居注曰：使左中郎将杨宣、亭侯裴茂，持节印授之。

秋七月，公征孙权。㊀

㊀九州春秋曰：参军傅幹谏曰：“治天下之大具有二，文与武也；用武则先威，用文则先德，威德足以相济，而后王道备矣。往者天下大乱，上下失序，明公用武攘之，十平其九。今未承王命者，吴与蜀也，吴有长江之险，蜀有崇山之阻，难以威服，易以德怀。愚以为可且按甲寝兵，息军养士，分土定封，论功行赏，若此则内外之心固，有功者劝，而天下知制矣。然后渐兴学校，以导其善性而长其义节。公神武震于四海，若修文以济之，则普天之下，无思不服矣。今举十万之众，顿之长江之滨，若贼负固深藏，则士马不能逞其能，奇变无所用其权，则大威有屈而敌心未能服矣。唯明公思虞舜舞干戚之义，全威养德，以道制胜。”公不从，军遂无功。幹字彦材，北地人，终于丞相仓曹属。有子

曰玄。

初，陇西宋建自称河首平汉王，聚众枹罕，改元，置百官，三十馀年。遣夏侯渊自兴国讨之。冬十月，屠枹罕，斩建，凉州平。

公自合肥还。

十一月，汉皇后伏氏坐昔与父故屯骑校尉完书，云帝以董承被诛，怨恨公，辞甚丑恶，发闻，后废黜死，兄弟皆伏法。㈠

㈠曹瞒传曰：公遣华歆勒兵入宫收后。后闭户匿壁中；歆坏户发壁，牵后出。帝时与御史大夫郗虑坐，后被发徒跣过，执帝手曰："不能复相活邪？"帝曰："我亦不自知命在何时也。"帝谓虑曰："郗公，天下宁有是邪！"遂将后杀之，完及宗族死者数百人。

十二月，公至孟津。天子命公置旄头，宫殿设钟虡。乙未令曰："夫有行之士，未必能进取，进取之士，未必能有行也。陈平岂笃行，苏秦岂守信邪？而陈平定汉业，苏秦济弱燕。由此言之，士有偏短，庸可废乎！有司明思此义，则士无遗滞，官无废业矣。"又曰："夫刑，百姓之命也，而军中典狱者或非其人，而任以三军死生之事，吾甚惧之。其选明达法理者，使持典刑。"于是置理曹掾属。

二十年春正月，天子立公中女为皇后。省云中、定襄、五原、朔方郡，郡置一县领其民，合以为新兴郡。

三月，公西征张鲁，至陈仓，将自武都入氐，氐人塞道，先遣张郃、朱灵等攻破之。夏四月，公自陈仓以出散关，至河池。氐王窦茂众万馀人，恃险不服，五月，公攻屠之。西平、金城诸将麹演、蒋石等共斩送韩遂首。㊀秋七月，公至阳平。张鲁使弟卫与将杨昂等据阳平关，横山筑城十馀里。攻之不能拔，乃引军还。贼见大军退，其守备解散。公乃密遣解㬱、高祚等乘险夜袭，大破之，斩其将杨任，进攻卫，卫等夜遁，鲁溃奔巴中。公军入南郑，尽得鲁府库珍宝。㊁巴、汉皆降。复汉宁郡为汉中；分汉中之安阳、西城为西城郡，置太守；分锡、上庸郡，置都尉。

㊀典略曰：遂字文约。始与同郡边章俱著名西州，章为督军从事，遂奉计诣京师，何进宿闻其名，特与相见，遂说进使诛诸阉人，进不从，乃求归。会凉州宋扬、北宫玉等反，举章、遂为主，章寻病卒，遂为扬等所劫，不得已，遂阻兵为乱，积三十二年，至是乃死，年七十馀矣。

刘艾灵帝纪曰：章，一名〔允〕（元）。

㊁魏书曰：军自武都山行千里，升降险阻，军人劳苦，公于是大飨，莫不忘其劳。

八月，孙权围合肥，张辽、李典击破之。

九月，巴七姓夷王朴胡、賨邑侯杜濩举巴夷、賨民来附，㊀于是分巴郡，以胡为巴东太守，濩为巴西太守，皆封列侯。天子命公承制封拜诸侯守相。㊁

㊀孙盛曰：朴音浮。濩音户。

㊁孔衍汉魏春秋曰：天子以公典任于外，临事之赏，或宜速疾，乃命公得承制封拜诸侯守相，诏曰："夫军之大事，在兹赏罚，劝善惩恶，宜不旋时，故司马法曰'赏不逾日'者，欲民速睹为善之利也。昔在中兴，

邓禹入关，承制拜军祭酒李文为河东太守，来歙又承制拜高峻为通路将军，察其本传，皆非先请，明临事刻印也，斯则出世祖神明，权达损益，盖所用速示威怀而著鸿勋也。其春秋之义，大夫出疆，有专命之事，苟所以利社稷安国家而已。况君秉任二伯，师尹九有，实征夷夏，军行藩甸之外，失得在于斯须之间，停赏俟诏以滞世务，固非朕之所图也。自今已后临事所甄，当加宠号者，其便刻印章假授，咸使忠义得相奖励，勿有疑焉。”

冬十月，始置名号侯至五大夫，与旧列侯、关内侯凡六等，以赏军功。㈠

㈠魏书曰：置名号侯爵十八级，关中侯爵十七级，皆金印紫绶，又置关内外侯十六级，铜印龟纽墨绶，五大夫十五级，铜印环纽，亦墨绶，皆不食租，与旧列侯关内侯凡六等。

臣松之以为今之虚封，盖自此始。

十一月，鲁自巴中将其馀众降。封鲁及五子皆为列侯。刘备袭刘璋，取益州，遂据巴中；遣张郃击之。

十二月，公自南郑还，留夏侯渊屯汉中。㈠

㈠是行也，侍中王粲作五言诗以美其事曰："从军有苦乐，但问所从谁。所从神且武，安得久劳师？相公征关右，赫怒振天威，一举灭獯虏，再举服羌夷，西收边地贼，忽若俯拾遗。陈赏越山岳，酒肉逾川坻，军中多饶饫，人马皆溢肥，徒行兼乘还，空出有馀资。拓土三千里，往反速如飞，歌舞入邺城，所愿获无违。"

二十一年春二月，公还邺。㈠三月壬寅，公亲耕籍田。㈡夏五月，天子进公爵为魏王。㈢代郡乌丸行单于普富卢与其侯王来朝。天子命王女为公主，食汤沐邑。秋七月，匈

奴南单于呼厨泉将其名王来朝，待以客礼，遂留魏，使右贤王去卑监其国。八月，以大理钟繇为相国。㊃

㊀魏书曰：辛未，有司以太牢告至，策勋于庙，甲午始春祠，令曰："议者以为祠庙上殿当解履，吾受锡命，带剑不解履上殿，今有事于庙而解履，是尊先公而替王命，敬父祖而简君主，故吾不敢解履上殿也。又临祭就洗，以手拟水而不盥，夫盥以洁为敬，未闻拟〔而〕（向）不盥之礼，且'祭神如神在'，故吾亲受水而盥也。又降神礼讫，下阶就幕而立，须奏乐毕竟，似若不〔衎〕（愆）烈祖，迟祭（不）速讫也，故吾坐俟乐阕送神乃起也。受胙纳〔袖〕（神），以授侍中，此为敬恭不终实也，古者亲执祭事，故吾亲纳于〔袖〕（神），终抱而归也。仲尼曰'虽违众，吾从下'，诚哉斯言也。"

㊁魏书曰：有司奏："四时讲武于农隙。汉承秦制，三时不讲，唯十月都试车马，幸长水南门，会五营士为八陈进退，名曰乘之。今金革未偃，士民素习，自今已后，可无四时讲武，但以立秋择吉日大朝车骑，号曰治兵，上合礼名，下承汉制。"奏可。

㊂献帝传载诏曰："自古帝王，虽号称相变，爵等不同，至乎褒崇元勋，建立功德，光启氏姓，延于子孙，庶姓之与亲，岂有殊焉。昔我圣祖受命，创业肇基，造我区夏，鉴古今之制，通爵等之差，尽封山川以立藩屏，使异姓亲戚，并列土地，据国而王，所以保乂天命，安固万嗣，历世承平，臣主无事，世祖中兴而时有难易，是以旷年数百，无异姓诸侯王之位。朕以不德，继序弘业，遭率土分崩，群凶纵毒，自西徂东，辛苦卑约。当此之际，唯恐溺入于难，以羞先帝之盛德。赖皇天之灵，俾君秉义奋身，震迅神武，捍朕于艰难，获保宗庙，华夏遗民，含气之伦，莫不蒙焉。君勤过稷、禹，忠侔伊、周，而掩之以谦让，守之以弥恭，是以往者初开魏国，锡君土宇，惧君之违命，虑君之固辞，故且怀志屈意，封君为上公，欲以钦顺高义，须俟勋绩。韩遂、宋建，

南结巴、蜀，群逆合从，图危社稷，君复命将龙骧虎奋，枭其元首，屠其窟栖，暨至西征，阳平之役，亲擐甲胄，深入险阻，芟夷蝥贼，殄其凶丑，荡定西陲，悬旌万里，声教远振，宁我区夏。盖唐、虞之盛，三后树功，文、武之兴，旦、奭作辅，二祖成业，英豪佐命，夫以圣哲之君，事为己任，犹锡土班瑞以报功臣，岂有如朕寡德，仗君以济，而赏典不丰，将何以答神祇慰万方哉？今进君爵为魏王，使使持节行御史大夫宗正刘艾奉策玺玄土之社，苴以白茅，金虎符第一至第五，竹使符第一至第十。君其正王位，以丞相领冀州牧如故。其上魏公玺绶符册，敬服朕命，简恤尔众，克绥庶绩，以扬我祖宗之休命。"

魏王上书三辞，诏三报不许。又手诏曰："大圣以功德为高美，以忠和为典训，故创业垂名，使百世可希，行道制义，使力行可效，是以勋烈无穷，休光茂著。稷、契载元首之聪明，周、邵因文、武之智用，虽经营庶官，仰叹俯思，其对岂有若君者哉？朕惟古人之功，美之如彼，思君忠勤之绩，茂之如此，是以每将镂符析瑞，陈礼命册，寤寐慨然，自忘守文之不德焉。今君重违朕命，固辞恳切，非所以称朕心而训后世也。其抑志撙节，勿复固辞。"

四体书势序曰：梁鹄以公为北部尉。

曹瞒传曰：为尚书右丞司马建公所举。及公为王，召建公到邺，与欢饮，谓建公曰："孤今日可复作尉否？"建公曰："昔举大王时，适可作尉耳。"王大笑。建公名防，司马宣王之父。

臣松之案司马彪序传，建公不为右丞，疑此不然，而王隐晋书云：赵王篡位，欲尊祖为帝，博士马平议称京兆府君昔举魏武帝为北部尉，贼不犯界，如此则为有征。

㊃魏书曰：始置奉常宗正官。

冬十月，治兵，㊀遂征孙权，十一月至谯。

㊀魏书曰：王亲执金鼓以令进退。

二十二年春正月，王军居巢，二月，进军屯江西郝谿。权在濡须口筑城拒守，遂逼攻之，权退走。三月，王引军还，留夏侯惇、曹仁、张辽等屯居巢。

夏四月，天子命王设天子旌旗，出入称警跸。五月，作泮宫。六月，以军师华歆为御史大夫。㊀冬十月，天子命王冕十有二旒，乘金根车，驾六马，设五时副车，以五官中郎将丕为魏太子。

㊀魏书曰：初置卫尉官。秋八月，令曰："昔伊挚、傅说出于贱人，管仲，桓公贼也，皆用之以兴。萧何、曹参，县吏也，韩信、陈平负污辱之名，有见笑之耻，卒能成就王业，声著千载。吴起贪将，杀妻自信，散金求官，母死不归，然在魏，秦人不敢东向，在楚则三晋不敢南谋。今天下得无有至德之人放在民间，及果勇不顾，临敌力战；若文俗之吏，高才异质，或堪为将守；负污辱之名，见笑之行，或不仁不孝而有治国用兵之术：其各举所知，勿有所遗。"

刘备遣张飞、马超、吴兰等屯下辩，遣曹洪拒之。

二十三年春正月，汉太医令吉本与少府耿纪、司直韦晃等反，攻许，烧丞相长史王必营，㊀必与颍川典农中郎将严匡讨斩之。㊁

㊀魏武故事载令曰：领长史王必，是吾披荆棘时吏也。忠能勤事，心如铁石，国之良吏也。蹉跌久未辟之，舍骐骥而弗乘，焉遑遑而更求哉？故教辟之，已署所宜，便以领长史统事如故。

㊁三辅决录注曰：时有京兆金祎字德祎，自以世为汉臣，自日磾讨莽何罗，忠诚显著，名节累叶。睹汉祚将移，谓可季兴，乃喟然发愤，遂与耿纪、韦晃、吉本、本子邈、邈弟穆等结谋。纪字季行，少有美名，为丞

相掾，王甚敬异之，迁侍中，守少府。邈字文然，穆字思然，以祎慷慨有日磾之风，又与王必善，因以间之，若杀必，欲挟天子以攻魏，南援刘备。时关羽强盛，而王在邺，留必典兵督许中事。文然等率杂人及家僮千馀人夜烧门攻必，祎遣人为内应，射必中肩。必不知攻者为谁，以素与祎善，走投祎，夜唤德祎，祎家不知是必，谓为文然等，错应曰："王长史已死乎？卿曹事立矣！"必乃更他路奔。一曰：必欲投祎，其帐下督谓必曰："今日事竟知谁门而投入乎？"扶必奔南城。会天明，必犹在，文然等众散，故败。后十馀日，必竟以创死。

献帝春秋曰：收纪、晃等，将斩之，纪呼魏王名曰："恨吾不自生意，竟为群儿所误耳！"晃顿首搏颊，以至于死。

山阳公载记曰：王闻王必死，盛怒，召汉百官诣邺，令救火者左，不救火者右，众人以为救火者必无罪，皆附左；王以为"不救火者非助乱，救火乃实贼也"。皆杀之。

曹洪破吴兰，斩其将任夔等。三月，张飞、马超走汉中，阴平氐强端斩吴兰，传其首。

夏四月，代郡、上谷乌丸无臣氐等叛，遣鄢陵侯彰讨破之。㊀

㊀魏书载王令曰：去冬天降疫疠，民有凋伤，军兴于外，垦田损少，吾甚忧之。其令吏民男女：女年七十已上无夫子，若年十二已下无父母兄弟，及目无所见，手不能作，足不能行，而无妻子父兄产业者，廪食终身。幼者至十二止。贫穷不能自赡者，随口给贷。老耄须待养者，年九十已上，复不事家一人。

六月令曰："古之葬者，必居瘠薄之地。其规西门豹祠西原上为寿陵，因高为基，不封不树。周礼，冢人掌公墓之地，凡诸侯居左右以前，卿大夫居后，汉制亦谓之陪陵。

其公卿大臣列将有功者,宜陪寿陵,其广为兆域,使足相容。”

秋七月,治兵,遂西征刘备,九月,至长安。

冬十月,宛守将侯音等反,执南阳太守,劫略吏民保宛。初,曹仁讨关羽,屯樊城,是月使仁围宛。

二十四年春正月,仁屠宛,斩音。㊀

㊀曹瞒传曰:是时南阳间苦繇役,音于是执太守东里〔衮〕(褒)与吏民共反,与关羽连和。南阳功曹宗子卿往说音曰:“足下顺民心,举大事,远近莫不望风;然执郡将,逆而无益,何不遣之。吾与子共戮力,比曹公军来,关羽兵亦至矣。”音从之,即释遣太守。子卿因夜逾城亡出,遂与太守收馀民围音,会曹仁军至,共灭之。

夏侯渊与刘备战于阳平,为备所杀。三月,王自长安出斜谷,军遮要以临汉中,遂至阳平。备因险拒守。㊀

㊀九州春秋曰:时王欲还,出令曰“鸡肋”,官属不知所谓。主簿杨修便自严装,人惊问修:“何以知之?”修曰:“夫鸡肋,弃之如可惜,食之无所得,以比汉中,知王欲还也。”

夏五月,引军还长安。

秋七月,以夫人卞氏为王后。遣于禁助曹仁击关羽。八月,汉水溢,灌禁军,军没,羽获禁,遂围仁。使徐晃救之。

九月,相国钟繇坐西曹掾魏讽反免。㊀

㊀世语曰:讽字子京,沛人,有惑众才,倾动邺都,钟繇由是辟焉。大军未反,讽潜结徒党,又与长乐卫尉陈祎谋袭邺。未及期,祎惧,告之太

子，诛讽，坐死者数十人。

王昶家诫曰“济阴魏讽”，而此云沛人，未详。

冬十月，军还洛阳。㊀孙权遣使上书，以讨关羽自效。王自洛阳南征羽，未至，晃攻羽，破之，羽走，仁围解。王军摩陂。㊁

㊀曹瞒传曰：王更修治北部尉廨，令过于旧。

㊁魏略曰：孙权上书称臣，称说天命。王以权书示外曰：“是儿欲踞吾著炉火上邪！”侍中陈群、尚书桓阶奏曰：“汉自安帝已来，政去公室，国统数绝，至于今者，唯有名号，尺土一民，皆非汉有，期运久已尽，历数久已终，非适今日也。是以桓、灵之间，诸明图纬者，皆言‘汉行气尽，黄家当兴’。殿下应期，十分天下而有其九，以服事汉，群生注望，遐迩怨叹，是故孙权在远称臣，此天人之应，异气齐声。臣愚以为虞、夏不以谦辞，殷、周不吝诛放，畏天知命，无所与让也。”

魏氏春秋曰：夏侯惇谓王曰：“天下咸知汉祚已尽，异代方起。自古已来，能除民害为百姓所归者，即民主也。今殿下即戎三十馀年，功德著于黎庶，为天下所依归，应天顺民，复何疑哉！”王曰：“‘施于有政，是亦为政。’若天命在吾，吾为周文王矣。”

曹瞒传及世语并云：桓阶劝王正位，夏侯惇以为宜先灭蜀，蜀亡则吴服，二方既定，然后遵舜、禹之轨，王从之。及至王薨，惇追恨前言，发病卒。

孙盛评曰：夏侯惇耻为汉官，求受魏印，桓阶方惇，有义直之节；考其传记，世语为妄矣。

二十五年春正月，至洛阳。权击斩羽，传其首。

庚子，王崩于洛阳，年六十六。㊀遗令曰：“天下尚未安定，未得遵古也。葬毕，皆除服，其将兵屯戍者，皆不得离

屯部，有司各率乃职。敛以时服，无藏金玉珍宝。”谥曰武王。二月丁卯，葬高陵。㊁

㊀世语曰：太祖自汉中至洛阳，起建始殿，伐濯龙祠而树血出。

曹瞒传曰：王使工苏越徙美梨，掘之，根伤尽出血。越白状，王躬自视而恶之，以为不祥，还遂寝疾。

㊁魏书曰：太祖自统御海内，芟夷群丑，其行军用师，大较依孙、吴之法，而因事设奇，谲敌制胜，变化如神。自作兵书十万馀言，诸将征伐，皆以新书从事；临事又手为节度，从令者克捷，违教者负败；与虏对陈，意思安闲，如不欲战，然及至决机乘胜，气势盈溢，故每战必克，军无幸胜。知人善察，难眩以伪，拔于禁、乐进于行陈之间，取张辽、徐晃于亡虏之内，皆佐命立功，列为名将；其馀拔出细微，登为牧守者，不可胜数。是以创造大业，文武并施，御军三十馀年，手不舍书，昼则讲武策，夜则思经传，登高必赋，及造新诗，被之管弦，皆成乐章。才力绝人，手射飞鸟，躬禽猛兽，尝于南皮一日射雉获六十三头。及造作宫室，缮制器械，无不为之法则，皆尽其意。雅性节俭，不好华丽，后宫衣不锦绣，侍御履不二采，帷帐屏风，坏则补纳，茵蓐取温，无有缘饰。攻城拔邑，得美丽之物，则悉以赐有功，勋劳宜赏，不吝千金，无功望施，分毫不与，四方献御，与群下共之。常以送终之制，袭称之数，繁而无益，俗又过之，故预自制终亡衣服，四箧而已。

傅子曰：太祖愍嫁娶之奢僭，公女适人，皆以皂帐，从婢不过十人。

张华博物志曰：汉世，安平崔瑗、瑗子寔、弘农张芝、芝弟昶并善草书，而太祖亚之。桓谭、蔡邕善音乐，冯翊山子道、王九真、郭凯等善围棋，太祖皆与埒能。又好养性法，亦解方药。招引方术之士，庐江左慈、谯郡华佗、甘陵甘始、阳城郄俭无不毕至。又习啖野葛至一尺，亦得少多饮鸩酒。

傅子曰：汉末王公，多委王服，以幅巾为雅，是以袁绍、崔〔钧〕（豹）之徒，虽为将帅，皆著缣巾。魏太祖以天下凶荒，资财乏匮，拟古皮弁，裁缣帛以为帢，合于简易随时之义，以色别其贵贱，于今施行，可谓军容，非国容也。

曹瞒传曰：太祖为人佻易无威重，好音乐，倡优在侧，常以日达夕，被服轻绡，身自佩小鞶囊，以盛手巾细物，时或冠帢帽以见宾客；每与人谈论，戏弄言诵，尽无所隐，及欢悦大笑，至以头没杯案中，肴膳皆沾污巾帻，其轻易如此。然持法峻刻，诸将有计画胜出己者，随以法诛之，及故人旧怨，亦皆无馀，其所刑杀，辄对之垂涕嗟痛之，终无所活。初，袁忠为沛相，尝欲以法治太祖，沛国桓邵亦轻之，及在兖州，陈留边让言议颇侵太祖，太祖杀让，族其家，忠、邵俱避难交州，太祖遣使就太守士燮尽族之，桓邵得出首，拜谢于庭中，太祖谓曰："跪可解死邪！"遂杀之。常出军，行经麦中，令："士卒无败麦，犯者死。"骑士皆下马，付麦以相持，于是太祖马腾入麦中，敕主簿议罪，主簿对以春秋之义，罚不加于尊，太祖曰："制法而自犯之，何以帅下？然孤为军帅，不可自杀，请自刑。"因援剑割发以置地。又有幸姬常从昼寝，枕之卧，告之曰："须臾觉我。"姬见太祖卧安，未即寤，及自觉，棒杀之。常讨贼，廪谷不足，私谓主者曰："如何？"主者曰："可以小斛以足之。"太祖曰："善。"后军中言太祖欺众，太祖谓主者曰："特当借君死以厌众，不然事不解。"乃斩之，取首题徇曰："行小斛，盗官谷，斩之军门。"其酷虐变诈，皆此类也。

评曰：汉末，天下大乱，雄豪并起，而袁绍虎视四州，强盛莫敌。太祖运筹演谋，鞭挞宇内，揽申、商之法术，该韩、白之奇策，官方授材，各因其器，矫情任算，不念旧恶，终能总御皇机，克成洪业者，惟其明略最优也；抑可谓非常之人，超世之杰矣。

曹操年表

江　耦

曹操，字孟德，沛国谯县（今安徽亳县）人。父曹嵩为中常侍曹腾之养子。曹腾在宫中三十馀年；汉桓帝刘志即位，曹腾以定策功封费亭侯，迁大长秋。曹嵩在汉桓帝与汉灵帝时曾任司隶校尉、大司农、大鸿胪、太尉。

一岁　汉桓帝刘志永寿元年（公元一五五）

二月，司隶、冀州饥馑。　夏，南阳大水。　秋，南匈奴左台、且渠伯德等反汉，侵西河美稷，为安定属国都尉张奂击败，伯德等率众降。　是岁，孙坚生。

二岁　永寿二年（一五六）

七月，鲜卑大人檀石槐将三四千骑侵云中。　泰山、琅玡二郡公孙举、东郭窦等起义已年馀，众约三万人，攻青、兖、徐三州。是秋为中郎将段颎所击破，公孙举等被杀。

三岁　永寿三年（一五七）

九真人朱达等起义，杀县令、郡守，四月，为九真都尉魏朗击破。　十一月，长沙蛮起义，攻益阳。

四岁　延熹元年（一五八）

外戚权臣大将军梁冀，自顺帝末年以来专恣跋扈已十七载，是年五月复杀害太史令陈授，桓帝由是疾恶梁冀。十二月，鲜卑入侵，为护匈奴中郎将张奂率南匈奴击败。

五岁　延熹二年（一五九）

二月，鲜卑侵雁门；六月，复侵辽东。　八月，中常侍单超、左悺等宦官合谋佐桓帝杀梁冀，连及公卿、列校、刺史、二千石死者数十人，梁冀故吏、宾客免黜者三百馀人。　桓帝赏诛梁冀之功，封单超等五人为县侯。十月，以单超为车骑将军。自此宦官开始专政。

六岁　延熹三年（一六〇）

正月，单超死。宦官左悺、具瑗、徐璜等日益横暴。　闰正月，西羌侵张掖，为护羌校尉段颎击败。　九月，泰山、琅玡劳丙等暴动。　十一月，泰山叔孙无忌起义，攻杀都尉；十二月，为中郎将宗资所败。　是岁，长沙、零陵蛮起义，为荆州刺史度尚所击破。

七岁　延熹四年（一六一）

正月，大疫。　七月，汉朝廷以财政困难，减公卿以下百官俸，借王侯半租。卖爵。　十月，南阳黄武、襄城惠得与昆阳乐季相率起义，军败，被杀。　诸羌复起，侵并、凉二州及三辅，十一月，为中郎将皇甫规击败。　是岁，刘备生。

八岁　延熹五年（一六二）

三月，皇甫规复破沈氐羌，其大豪等率众降。　四月，长沙、零陵人起义。豫章艾县人起义，攻长沙诸县，杀益阳令。 零陵、武陵蛮起义，十月，为车骑将军冯绲所败。是岁，荀彧生。

九岁 延熹六年（一六三）

五月，鲜卑侵辽东属国。 七月，桂阳李研起义。 十一月，南海人起义。 时宦官专权秉势，亲族宾客遍布京都及州郡，贪残横暴，尚书朱穆上疏建议应加限制，桓帝不听。

十岁 延熹七年（一六四）

荆州刺史度尚击破豫章艾县起义军；九月，又败桂阳卜阳、潘鸿等起义军。

十一岁 延熹八年（一六五）

五月，桂阳胡兰与朱盖等起义，攻桂阳、零陵。为中郎将度尚击破，胡兰等被杀。 六月，段颎击败西羌。 八月，始令郡国有田者每亩增税十钱。 十月，勃海盖登等起义，失败，被杀。

十二岁 延熹九年（一六六）

三月，司隶、豫州饥馑，死者十之四五，至有全家饿死者。六月，南匈奴、乌桓、鲜卑数道入塞，侵北边九郡。 七月，鲜卑复连结诸羌侵武威、张掖。汉朝廷遣护匈奴中郎将张奂往击。 党锢事起。宦官教人上书告发司隶校尉李膺等共为部党，桓帝怒，下李膺狱，连及杜密、陈翔等二百馀人，皆下狱；命郡国逮捕党人。

十三岁 永康元年（一六七）

正月，诸羌复起，为段颎所击破。　四月，先零羌侵三辅，攻没京兆虎牙营与扶风雍营。　六月，解党禁，遣党人二百馀人皆归田里，书名三府，禁锢终身。　十月，先零羌侵三辅，张奂遣司马董卓等击破之，以董卓为郎中。　十二月，桓帝刘志死。窦皇后为皇太后，临朝，与窦武定议立解渎亭侯刘宏为皇帝。

十四岁　汉灵帝刘宏建宁元年（一六八）

正月，大将军窦武、太傅陈蕃等迎刘宏即皇帝位，年十三。　二月，段颎与先零羌战于安定高平，大破羌人；七月，复败诸羌。　陈蕃、窦武谋诛宦官，犹豫未发，谋泄，九月，中常侍曹节、王甫等勒兵杀陈蕃、窦武，幽隔窦太后。自此宦官权势益盛。　十二月，鲜卑及濊貊侵幽、并二州。

十五岁　建宁二年（一六九）

七月，段颎复大破诸羌，招降四千人分置安定等三郡；东羌平。　李膺等虽废锢，仍有声誉，为宦官所疾恶。十月，中常侍曹节等奏李膺、杜密等为钩党，遂下州郡考讯，皆死；复命州郡大举钩党，党人死者约数百人。　十一月，鲜卑侵并州。

十六岁　建宁三年（一七〇）

冬，济南人起义，攻东平陵。

十七岁　建宁四年（一七一）

正月，大赦，唯党人不赦。　三月，大疫。　冬，鲜卑侵并州。

十八岁　熹平元年(一七二)

六月,窦太后死。　七月,因朱雀阙发现"诽书",宦官使司隶校尉段颎四出搜捕,捕系人民及太学生千馀人。　十一月,会稽许昭起义,立父许生为越王,众约万人。　十二月,鲜卑侵并州。

十九岁　熹平二年(一七三)

正月,大疫。　十二月,鲜卑侵幽、并二州。

二十岁　熹平三年(一七四)

曹操举孝廉,为郎㊀;除洛阳北部尉㊁,造五色棒悬尉廨门左右各十馀枚,有犯禁者,不避豪强,皆棒杀之。小黄门蹇硕叔父夜行,操即杀之。京师敛迹莫敢犯;近习宠臣咸疾之,然不能伤。　十一月,会稽起义军失败,许生被杀。　十二月,鲜卑侵北地,又侵并州。

㊀后汉郡国口二十万,岁举孝廉一人为郎。

㊁续汉书百官志注引汉官:"雒阳孝廉左尉四百石,孝廉右尉四百石。"时操以孝廉为郎,故得除洛阳尉,除年应即在举孝廉之年,故今系于此年。又据魏志武帝纪建安十三年注,尚书选部梁鹄以操为北部尉;建安二十一年注引曹瞒传则谓系尚书右丞(另说京兆尹)司马防所举。

二十一岁　熹平四年(一七五)

三月,令诸儒正五经文字,刻石立于太学门外。　四月,郡、国七大水。　五月,鲜卑侵幽州。　六月,弘农、三辅螟灾。 十月，改“平准”为“中准”，使宦者为令，列于内署，自是诸署皆以宦官为丞、令。 是岁，孙策、周瑜生。

二十二岁 熹平五年(一七六)

闰五月，永昌太守曹鸾上书讼党人，灵帝怒，收曹鸾下狱，被杀。令州郡更考党人门生、故吏、父子兄弟在位者，皆免官禁锢。 是岁，鲜卑侵幽州。

二十三岁 熹平六年(一七七)

四月，大旱，七州蝗。 鲜卑侵三边。八月，遣破鲜卑中郎将田晏等三道出塞击鲜卑，檀石槐命三部大人各帅众逆战，汉军大败。 操迁顿丘令㈠；征拜议郎㈡。

㈠魏志陈思王传：太祖征孙权，使植留守邺，戒之曰：“吾昔为顿丘令，年二十三，思此时所行，无悔于今。”

㈡征拜议郎年月不详，观魏志武帝纪文，应在是年或下年从坐免官以前。今暂系于此年。

二十四岁 光和元年(一七八)

二月，置鸿都门学。 十月，灵帝信宦官谮言，废皇后宋氏，宋氏自致暴室，忧死；后父宋酆及兄弟并被诛。 操从妹夫濦彊侯宋奇被诛，操从坐免官㈠。 十一月，鲜卑侵酒泉；鲜卑部众日多，缘边州郡皆受其害。 是年初开西邸卖官，自关内侯、虎贲羽林，入钱多寡不等，于西园立库以贮之。有上书占令、长者，随县好丑，丰约有价。又私令左右卖公卿，公钱千万，卿五百万。

㊀从卢弼三国志集解注引梁章钜说，谓“㶏彊侯必宋皇后兄弟行”，故暂系于此年。

二十五岁　光和二年（一七九）

春，大疫。　四月，大赦天下，诸党人禁锢者小功以下皆解除。　司徒刘郃、永乐少府陈球等谋诛宦官曹节等，十月，事泄，皆下狱死。　十二月，鲜卑侵幽、并二州。是岁操在谯纳卞氏为妾。㊀

㊀魏志卞皇后纪注引魏书：“后以汉延熹三年十二月己巳生。”纪言“年二十，太祖于谯纳后为妾。”时操适坐宋奇事免官居乡里，故纳卞氏于谯。

二十六岁　光和三年（一八〇）

四月，江夏蛮起义。　六月，命公卿举能通尚书、毛诗、左氏、穀梁春秋者各一人，悉除议郎。　操以能明古学，复征拜议郎。㊀　冬，鲜卑侵幽、并二州。　十二月，灵帝立贵人何氏为皇后。征后兄何进为侍中。　是岁苍梧、桂阳人起义，为零陵太守杨琁击破。

㊀魏志武帝纪注引魏书但云“后以能明古学，复征拜议郎”，未详年月。按后汉书灵帝纪是年六月“诏公卿举能通尚书、毛诗、左氏、穀梁春秋各一人，悉除议郎”，则操之复征拜议郎，因“以能明古学”，似应即在此时。今暂系于此年。

二十七岁　光和四年（一八一）

正月，汉朝廷初置騄骥厩丞官，领受郡国征调马匹，因豪右垄断，马价每匹至二百万钱。　操上书陈陈蕃、窦武等正直而见陷害,奸邪盈朝,善人壅塞,言甚切;灵帝不纳。㊀　十月,鲜卑侵幽、并二州。是年鲜卑大人檀石槐死。　灵帝作列肆于后宫,使诸采女贩卖,自著商贾服,从之饮宴为乐。　是岁,孙权、诸葛亮生。

㊀操上书陈窦武等,在其复征拜议郎之后,及诏公卿以谣言举刺史二千石之前,故应在光和三年六月至五年正月之间,今暂系于此年。

二十八岁　光和五年(一八二)

正月,令公卿以谣言劾举刺史、二千石为民蠹害者。太尉、司空承望宦官,受取货赂,凡宦官子弟、宾客,虽贪污秽浊,皆不敢问,而虚纠边远小郡清修有惠化者二十六人,吏民诣阙陈诉。　二月,大疫。　是岁,以灾异博问得失,操上书言三公所举奏,专回避贵戚。灵帝以示三府,并谴责之。㊀

㊀后汉书灵帝纪是年二月大疫,五月庚申永乐宫署灾,七月有星孛于太微。操上书应在是年二月至七月间。

二十九岁　光和六年(一八三)

夏,大旱。　初,钜鹿人张角奉事黄、老,号"太平道",分遣弟子周行四方,十馀年间众数十万,青、徐、幽、冀、荆、扬、兖、豫八州之人莫不毕应。遂置三十六方,大方万馀人,小方六七千人,各立渠帅;言"苍天已死,黄天将立,岁在甲子,天下大吉"。大方马元义等先收荆、扬数万人,期会发于邺(今河北临漳县西北,汉冀州刺史治所)。马元义数往来京师,以中常侍封谞、徐奉为内应。约以翌年(甲子年)三月五日内外俱起。

三十岁　中平元年(一八四)

春,张角弟子唐周背叛,上书告密,汉朝廷遂逮捕马元义,车裂于洛阳。令三公及司隶校尉按验宫省直卫及百姓有事角道者,杀千馀人;命冀州搜捕张角等。张角等知事已露,晨夜驰敕诸方,同时起义,皆著黄巾以为标帜。二月,张角自称"天公将军",弟张宝称"地公将军"、张梁称"人公将军",所在攻官府,州郡失据,官吏多逃亡,旬月之间天下响应。　汉朝廷惶惧,以何进为大将军,率左右羽林五营营士屯都亭,镇京师;置函谷等八关都尉。　三月,灵帝赦天下党人,还诸徙者,唯张角不赦。　汉朝廷大发兵,遣北中郎将卢植攻张角,左中郎将皇甫嵩、右中郎将朱儁攻颍川黄巾。令公卿出马、弩,举明战阵之略者以备选用。曹操自议郎拜为骑都尉,与皇甫嵩、朱儁共攻黄巾。　七月,张修号"五斗米师",起于巴郡。　皇甫嵩、朱儁等攻败颍川、汝南、陈国黄巾;又进攻东郡、南阳黄巾。卢植围张角于钜鹿、广宗(今河北威县东),后命皇甫嵩代。　十月,张梁为皇甫嵩战败,被杀。张角先病殁。十一月张宝亦败,被杀。皇甫嵩先后残杀义军十馀万人;义军主力遂溃,转为分散活动。　北地、先零、羌等共立湟中义从胡北宫伯玉为将军,以边章、韩遂为军帅,杀刺史、守令,攻凉州及三辅。　是岁,操攻颍川黄巾后,迁为济南相(治所在今山东历城县东)。[一]济南所属十馀县官吏多阿附贵戚,赃污狼籍,操奏免其八[二]。又禁断淫祀;奸宄逃窜,郡界肃然。是岁,刘备二十四岁,得中山大商张世平、苏双资助,与关羽、张飞起兵击黄巾,有“功”,除安喜尉。朱儁攻黄巾,表孙坚为左军司马,以击黄巾“功”,拜别部司马。

㊀从卢弼三国志集解说,操为济南相在是年,时年三十,与明本志令文合。

㊁御览引,“八”下有“九”字。

三十一岁　中平二年(一八五)

春,大疫。　二月,中常侍张让、赵忠复说灵帝敛天下田每亩十钱,以修宫室。又诏发州郡材木文石送京师,宦官爰以为奸;刺史、太守复增和调,百姓呼嗟。　四月,大风雨雹。　张牛角、褚飞燕等起义,号曰“黑山”[一],众至百万,攻黄河以北诸郡县。　七月,三辅螟灾。　八月,汉朝廷以司空张温为车骑将军,击北宫伯玉,战于扶风美阳,不利;十一月,董卓、鲍鸿复攻之,边章、韩遂等退走榆中。

㊀黑山,山名,在河南浚县西北七十里。黑山义军初起时以此为根据地,故名。

三十二岁　中平三年(一八六)

二月,江夏兵赵慈暴动,杀南阳太守秦颉;六月,为荆州刺史王敏所击破。　春,以中常侍赵忠为车骑将军,六月罢。　十月，武陵蛮起义，为郡兵所攻破。　十二月，鲜卑侵幽、并二州。

三十三岁　中平四年（一八七）

二月，荥阳民变，杀中牟令。三月，为河南尹何苗所击破。　韩遂杀边章及北宫伯玉，拥兵十馀万据陇西，凉州刺史耿鄙攻之，败死，韩遂遂围汉阳。耿鄙司马马腾引兵与韩遂合，推王国为主，攻三辅。　六月，故中山相张纯等连合乌桓，举兵于幽州，屯肥如（今河北卢龙县北）。十月，零陵观鹄起义，为长沙太守孙坚所击破，被杀。十一月，操父大司农曹嵩买官为太尉。　是岁，操征还为东郡太守，不就，称疾归乡里，㊀筑室城外，春夏习读书传，秋冬弋猎以自娱乐。　冬，操子丕生于谯。

㊀魏志武帝纪记操任济南相后，但云"久之，征还为东郡太守，不就，称疾归乡里"，而未详征年。按后汉官吏有三载考绩之制，崔寔政论："汉法亦三年壹察治状，举孝廉尤异"；崔寔又指斥"近日所见，或一期之中郡主易数二千石"之病；所谓"一期"，即是三载。操自中平元年七月与皇甫嵩、朱儁攻颍川黄巾后迁济南相，至中平四年秋适满三载。且据武帝纪，操在济南颇有治绩，则至中平四年秋正应课最而征迁，又与纪"久之"之文合，故今暂系其征还为东郡太守事于此年。又，武帝纪注引魏书曰："于是权臣专朝，贵戚横恣，太祖不能违道取容，数数干忤，恐为家祸，遂乞留宿卫，拜议郎，常托疾病，辄告归乡里。"与武帝纪不同。按自济南相复拜议郎，似于情理不合，今从武帝纪。是年操实归乡里，由子丕是冬生于谯可知。

三十四岁　中平五年（一八八）

二月，黄巾郭大等起于西河白波谷，攻太原、河东。　三月，屠各胡杀并州刺史张懿。汉发南匈奴兵配刘虞击张纯，南匈奴人不愿，其右部醯落结屠各胡杀单于羌渠，南匈奴立其子於扶罗为单于。　四月，操父太尉曹嵩罢。六月，益州马相、赵祇等起义，亦称黄巾，为益州从事贾龙所破。贾龙迎刘焉。是岁改刺史为州牧，刘焉为益州牧，刘虞为幽州牧。　冀州刺史王芬等谋乘灵帝北巡时，以兵要劫，废灵帝、诛宦官而立合肥侯，约结曹操，操拒之。㊀　八月，汉朝廷初置西园八校尉，小黄门蹇硕为上军校尉，袁绍为中军校尉，曹操为典军校尉；八校尉皆统于蹇硕。　九月，匈奴南单于於扶罗与白波众攻河东。　汉朝廷命骑都尉公孙瓒等至渔阳击张纯。　十月，青、徐二州黄巾复起，攻郡县。　十一月，王国围陈仓，左将军皇甫嵩督前将军董卓率兵四万拒之。

㊀通鉴系此事于是年六月，今从之。按此时操尚在谯，去冀州远。魏志武帝纪言："顷之，冀州刺史王芬、南阳许攸、沛国周旌等，连结豪杰，谋废灵帝，立合肥侯，以告太祖，太祖拒之。"则此时或因操与周旌为同乡，故周旌"连结"操。又按，此事在操称疾归乡里后不足一年，适与纪中"顷之"文合。

三十五岁　中平六年（一八九）

二月，皇甫嵩破王国军，韩遂等废王国，更相攻争。　刘虞至幽州，与公孙瓒不和。　四月，灵帝刘宏死，子刘辩即皇帝位（少帝），年十七。　大将军何进（刘辩母何太后之弟）谋诛宦官，任用袁绍、袁术等。蹇硕谋杀何进，进诛蹇硕。秋，何进欲召四方猛将董卓等，使引兵向京城以胁太后诛宦官，曹操非之。董卓自河东率兵向洛阳。　何进谋泄，八月，中常侍张让、段珪杀何进于宫中，袁绍入宫杀宦官二千馀人，张让等将少帝与陈留王夜走小平津，追兵至，张让、段珪投河死。宦官专政至此结束。董卓率兵迎少帝还宫。袁绍与董卓有隙，东奔冀州。　九月，董卓废刘辩为弘农王，立陈留王刘协为皇帝（献帝），年九岁。董卓自为太尉，酖杀何太后。　董卓表曹操为骁骑校尉，欲与计事，操不就，变易姓名，间行东归。㊀过中牟（今河南中牟县东），为亭长所执，旋得释。十月，白波众攻河东，董卓遣其将牛辅往拒之。　十一月，董卓为相国，独专朝政。　十二月，操至陈留（今河南陈留县），孝廉卫兹以家财助曹操，遂招募得五千人㊁，起兵于陈留己吾（今河南宁陵县西南）。

㊀魏志武帝纪注引魏书言操"从数骑过故人成皋吕伯奢"，即此"间行东归"途中事。魏书及注引世语与孙盛杂记所记均不同。

㊁魏志武帝纪曰五千人，卫臻传曰三千人。

三十六岁　初平元年（一九〇）

正月，关东州郡皆起兵以讨董卓，推勃海太守袁绍为盟主。袁绍与河内太守王匡屯河内，冀州牧韩馥留邺给其军粮。豫州刺史孔伷屯颍川，兖州刺史刘岱、陈留太守张邈及弟广陵太守张超、东郡太守桥瑁、山阳太守袁遗、济北相鲍信与行奋武将军曹操㊀俱屯酸枣(今河南延泽县北),后将军袁术屯鲁阳,众各数万人。　董卓酖杀弘农王刘辩。董卓以关东兵盛,二月促献帝迁都长安,遂焚烧洛阳宫庙官府人家。　三月,献帝至长安,朝政皆委司徒王允。　刘表为荆州刺史。　董卓仍在洛阳,袁绍等畏其兵强,莫敢先进。操独西进拟据成皋,与董卓将徐荣战于荥阳(今河南荥泽县西南)汴水,操败走,士卒死伤甚多,操仅而得免。操至酸枣,见诸将不图西进,操谴责之,为画攻董卓之计,张邈等不听。　曹操兵少,乃与司马夏侯惇等至扬州募兵,得四千馀人;还至龙亢,士卒多叛,至铚、建平,复收兵得千馀人㊁,进屯河内(今河南武陟县西南)。　黄巾起义军入青州。　冬,袁绍与韩馥谋立幽州牧刘虞为帝,约结曹操,曹操拒之。㊂

㊀时关东州郡起兵者皆汉刺史守相,唯操以上年董卓表之为骁骑校尉不就,东归,故起兵时但行奋武将军。

㊁铚(今安徽宿县西南)、建平(今河南永城县),皆沛国属县,去谯不远。然则此千馀人,皆操在家乡近县所募得者。

㊂参见文集卷三,页六二,答袁绍。

三十七岁　初平二年(一九一)

正月,袁绍、韩馥遂立刘虞为帝,刘虞不从。　二月,董卓为太师,位在诸侯王上。　孙坚击败董卓军,卓退至渑池,聚兵于陕。孙坚进至洛阳。董卓留兵屯渑池、华阴、安邑,引兵而西,四月,至长安。　七月,袁绍迫胁韩馥以冀州让绍，绍遂领冀州牧。　鲍信说曹操据黄河以南以待其变。　黑山义军于毒、白绕、眭固等十馀万众攻魏郡、东郡，东郡太守王肱不能抗。操引兵入东郡，攻破白绕于濮阳（今河南濮阳县）。袁绍遂表操为东郡太守，治东武阳（今山东朝城县西）。　青州黄巾攻勃海，众三十万人，欲与黑山军合；为公孙瓒败于东光南。　时关东州郡务相兼并以自强大，袁绍与袁术、公孙瓒不和，南结刘表。　刘备为平原相。　是岁孙坚死。荀彧去袁绍来归操，操大悦曰："吾之子房也。"以为司马。

三十八岁　初平三年（一九二）

正月，袁绍败公孙瓒于界桥。　操驻军顿丘，黑山帅于毒等攻东武阳，为操所败。操又破黑山眭固与匈奴於扶罗于内黄（今河南内黄县西北）。　四月，王允、吕布杀董卓于长安。　青州黄巾入兖州，杀刺史刘岱。鲍信乃与州吏等至东郡迎操领兖州牧。　操进兵攻黄巾于寿张（今山东东平县西南）东，鲍信战死，黄巾亦退。㊀　六月，董卓故将李傕、郭汜围长安，杀王允，败吕布，吕布东逃，终归袁绍。李傕、郭汜、樊稠等遂专断于长安。　冬，操追黄巾至济北（济北国治卢，今山东长清县南），黄巾败降，得戎卒三十馀万，男女百馀万口，操收其精锐者，号为"青州兵"。㊁治中从事毛玠劝操"宜奉天子以令不臣，修耕植以畜军资，如此则霸王之业可成"。操纳其言。　公孙瓒攻袁绍，使刘备、单经、陶谦自东方迫袁绍，袁绍与曹操合攻诸军，皆破之，公孙瓒遂还幽州，不敢复出兵。　是岁，操子植生。

㈠魏志武帝纪初平三年注引魏书言操"将步骑千馀人，行视战地，卒抵贼营，战不利，死者数百人，引还。"继言黄巾"兵皆精悍"，而操则"旧兵少，新兵不习练"。鲍勋传注言鲍信"殊死战以救太祖，太祖仅得溃围出，信遂没"。

㈡通鉴胡三省注曰："所降者青州黄巾也，故号青州兵。"何焯曰："魏武之强自此始。"

三十九岁　初平四年（一九三）

正月，操驻军鄄城（今山东濮县东）。袁术为刘表所逼，引兵屯封丘，黑山军及南匈奴於扶罗皆附之。操连击破之，袁术遂引兵南下，逐扬州刺史陈瑀而据扬州，兼称徐州伯。　夏，曹操还军定陶（今山东定陶县）。　六月，黑山帅于毒为袁绍攻破，被杀；袁绍复败诸义军，又与黑山帅张燕及匈奴乌桓联军战于常山。　下邳阙宣起义。　操父曹嵩避乱在琅玡，为陶谦别将所劫杀。秋，操率兵击陶谦，攻拔十馀城，遂至彭城（今江苏徐州）；陶谦败，走保郯。　冬，刘虞攻公孙瓒，大败，被杀。

四十岁　兴平元年（一九四）

二月，操因军食尽，自彭城引兵还。四月，操使荀彧、程昱守鄄城，自率兵复攻陶谦，遂至琅玡、东海，还击刘备于郯东。　张邈与陈宫叛操，迎吕布为兖州牧，兖州郡县皆应布，唯鄄城、范（今山东范县东南）、东阿（今山东阳谷县东北阿城镇）三城为操固守。吕布攻鄄城不下，西屯濮阳。操引军自徐州还，与吕布战于濮阳西，军败。㊀　四月至七月，大旱，饥馑。　九月，操还鄄城。袁绍使人说操欲连和，使操遣家居邺；操新失兖州，军食尽，将许之，程昱劝阻，乃止。　冬，刘焉死，子刘璋为益州牧。　陶谦死，刘备代领徐州牧。　孙策率父孙坚部曲渡江至江东。

㊀魏志武帝纪："布出兵战，先以骑犯青州兵，青州兵奔，太祖阵乱，驰突火出，坠马，烧左手掌。司马楼异扶太祖上马，遂引去。"

四十一岁　兴平二年（一九五）

正月，操败吕布于定陶。　春，关中李傕、郭汜相攻。　闰四月，吕布将薛兰、李封屯钜野（今山东钜野县南），操攻之，吕布来救薛兰，败走，操杀薛兰等。吕布、陈宫复从东缗（今山东金乡县东北）来战，操大破之；复进军攻拔定陶，分兵平诸县。吕布败，东奔刘备，张邈从吕布，使弟张超将家属保雍丘（今河南杞县）。　七月，董承、杨奉护献帝自长安东迁。　八月，曹操围雍丘，张邈诣袁术求救，未至，为其下所杀。　十月，献帝拜曹操为兖州牧。　十一月，李傕、郭汜悔令献帝东行，率兵来追。　十二月，献帝至弘农，战于东涧，董承、杨奉败，至曹阳，密遣使至河东招故白波帅李乐、韩暹、胡才及南匈奴右贤王去卑，李乐等率数千骑来，与董承、杨奉共击李傕等，大破之。

李傕等复来追，献帝至陕渡河，入河东至安邑。　蔡文姬被匈奴人虏获。㊀　十二月，操攻雍丘，雍丘溃，张超自杀，操夷张邈三族。兖州遂全入操手。

㊀据郭沫若谈蔡文姬的“胡笳十八拍”，定在是年被虏，入匈奴大约在次年。

四十二岁　建安元年（一九六）

春，操准备迎献帝。　汝南、颍川黄巾何仪、刘辟、黄邵、何曼等众各数万人，附袁术；二月，为操所击败，黄邵被杀，刘辟、何仪率众降。　献帝拜操为建德将军，六月，迁镇东将军，封费亭侯。　献帝欲归洛阳，自安邑至闻喜。　刘备与袁术争徐州，为吕布所袭，投归操，操表刘备为豫州牧，使屯小沛以拒吕布。　七月，献帝至洛阳。是时宫室烧尽，百官被荆棘，依墙壁间。州郡各拥强兵，委输不至，群僚饥乏，尚书郎以下自出采稆，或饥死墙壁间，或为兵士所杀。　八月，操将兵至洛阳，献帝以操领司隶校尉，假节钺，录尚书事。　九月，操奉献帝迁都许（今河南许昌县），以操为大将军，封武平侯。杨奉自梁（今河南汝南县西）来邀击，不及；十月，操攻杨奉，杨奉南奔袁术。　以袁绍为太尉，绍不肯受，操以大将军让袁绍，自为司空，行车骑将军。自此袁绍与操交恶。　是岁，操用枣祗、韩浩议，始兴屯田，以枣祗为屯田都尉，以任峻为典农中郎将，募民屯田许下，得谷百万斛。于是例置田官，所在积谷。[一]　张济引兵自关中入荆州界，攻穰城（今河南邓县），战死，侄张绣代领其众，屯宛（今河南南阳），附于刘表。

[一]魏志任峻传："是时岁饥旱，军食不足，羽林监颍川枣祗建置屯田，太祖以峻为典农中郎将，数年中所在积粟，仓廪皆满，……军国之饶，起于枣祗而成于峻。"

四十三岁　建安二年（一九七）

正月，操至宛攻张绣，张绣降，既而悔之，反攻操，操军败，操长子昂死于役。操复收散兵击张绣，张绣败走穰城，复与刘表合；操还许。　袁术称帝于寿春。　三月，献帝诏拜袁绍大将军，兼督冀、青、幽、并四州。　五月，蝗灾。　袁术攻吕布，败。　九月，操攻袁术，袁术败走渡淮，自是遂衰。　十一月，操复率兵至宛击张绣，拔湖阳（今河南唐河县南），擒刘表将邓济，又攻下舞阴（今河南泌阳县西北）。

四十四岁　建安三年（一九八）

三月，操复攻张绣，围穰城。　四月，袁绍使使说操以许下埤湿，洛阳残破，宜徙都鄄城以就全实，操拒之。操闻袁绍欲攻许，乃解穰城之围引军还许。张绣进兵追操军；五月，刘表遣兵救张绣，屯安众（今河南镇平县东南）欲绝操军后路，操大破刘表、张绣联军于安众。　七月，操还许。　九月，吕布将高顺等攻刘备，破沛城，刘备单身走。　操自引军攻吕布，十月，下彭城，吕布退保下邳

（今江苏邳县东）。操围下邳，十二月，吕布将侯成等降操，城陷，操擒杀吕布、陈宫。徐州遂入操手。　冬，袁绍复攻公孙瓒。　是岁，孙策逐步占据江东。

四十五岁　建安四年（一九九）

春，黑山帅眭固降袁绍，屯射犬。　三月，袁绍大破公孙瓒于易京，杀之；袁绍赐乌桓王蹋顿等单于印绶。渔阳太守鲜于辅附于操。　四月，操遣兵北渡河攻眭固，眭固败，被杀。操还军敖仓（今河南荥泽县西北），以魏种为河内太守。　车骑将军董承与刘备密谋杀操，未发，刘备疑操已觉；操适遣刘备东向邀击袁术，刘备遂杀徐州刺史车胄而据徐州，背操，留关羽守下邳，自守小沛。东海昌豨附刘备。备众至数万人，遣使与袁绍连兵。　六月，袁术穷迫病死于寿春江亭。　袁绍破公孙瓒后，志益骄，简精兵十万、骑万匹，欲攻许。㊀八月，操进军黎阳（今河南浚县东北）㊁，使臧霸等入青州，于禁屯河上；九月，操还许，复分兵守官渡（今河南中牟县东北）。袁绍欲连结张绣。张绣听贾诩议，十一月率众降操。　操使卫觊镇抚关中。　庐江太守刘勋率众降操。

㊀袁绍当时“兼四州之地，众十馀万，将进军攻许”，操诸将以为不易抵御，操对袁绍则有准确之估计，曰：“吾知绍之为人，志大而智小，色厉而胆薄，忌克而少威，兵多而分画不明，将骄而政令不一，土地虽广，粮食虽丰，适足以为吾奉也。”见魏志武帝纪建安四年。

㊁黎阳为后汉时控制东方之重镇，设有黎阳营，故为军事上必争之地。

四十六岁　建安五年(二〇〇)

正月,董承等杀操之谋泄,皆被杀。操自将东征刘备,破之,获其妻子;进拔下邳,擒关羽;刘备走奔袁绍。　袁绍谋攻操,移檄州郡,数操罪恶㊀。二月,进军黎阳,遣其将颜良攻东郡太守刘延于白马,曹军斩颜良,退至河南。袁绍军渡河至延津复战,操破袁军,斩其将文丑。操还军官渡,袁绍进保阳武(今河南阳武县)。关羽逃归刘备。　四月,孙策死,弟孙权领其军,有扬州五郡。　七月,操制新科,行户调。㊁刘辟背曹操,应袁绍。　袁绍使刘备略汝南,备阴欲脱离袁绍。　八月,袁绍连营数十里,操亦分营与相当。袁绍复进临官渡,两军相持连月。十月,操烧袁绍辎重,大败袁绍军于官渡,绍仅与八百骑北渡河,尽亡其士卒辎重。操收袁绍书中,得许下及军中人书,㊂皆焚之。冀州诸郡多举城邑降。

㊀檄文见后汉书袁绍传。

㊁操始制新科,行户调,通鉴系于此年七月。但细玩魏志何夔传及赵俨传文,操之始行户调,可能即在此年,亦可能早一二年。今暂依通鉴。

㊂魏志赵俨传注引魏略:“太祖北拒袁绍,时远近莫不私遗牋记通意于绍者。”

四十七岁　建安六年(二〇一)

四月,操扬兵河上,击袁绍仓亭(今山东范县东北古黄河渡处)军,破之。　九月,操引兵南征刘备于汝南,刘备投奔刘表。

四十八岁　建安七年(二〇二)

正月,操军谯,抚循将士亲族。[一]至浚仪(今河南祥符县西北),治睢阳渠。进军官渡。　五月,袁绍病死,少子袁尚领其军,自号车骑将军,屯黎阳。时袁绍长子袁谭为青州刺史,次子袁熙为幽州刺史,甥高幹为并州刺史。九月,操与袁谭、袁尚相拒于黎阳,数败之。　操使司隶校尉钟繇围南匈奴单于呼厨泉于平阳,呼厨泉降。　操下书要求孙权送质子于许,孙权拒之。

[一]参见文集卷二,页三二,军谯令。

四十九岁　建安八年(二〇三)

三月,曹操攻黎阳,大破袁谭、袁尚军,谭、尚败走还邺。四月,操进军追至邺。五月,还许,留贾信屯黎阳。　七月,令郡国修文学,县满五百户者置校官。[一]　八月,操攻刘表,军于西平(今河南西平县西)。　袁谭与袁尚内哄,引兵相攻。袁谭为袁尚所败,走保平原(今山东平原县南),袁尚围攻之,袁谭乃遣辛毗请救于操,操许之。操引军自西平北还,十月至黎阳;袁尚闻操北上,乃释平原还邺。东平吕旷、吕详叛袁尚降操。　孙权攻山越。建安、汉兴、南平民变,众各万馀人,为孙权所击破。

[一]参见文集卷二,页三三,修学令。

五十岁　建安九年(二〇四)

正月,操渡河,遏淇水入白沟以通粮道。　二月,袁尚复攻袁谭于平原,留其将审配守邺。操进军至邺围攻之。四月,拔邯郸;易阳令韩范降。五月,决漳水灌邺。 七月,袁尚将兵万人还救邺,操大破袁尚军,袁尚奔中山。八月,操攻入邺城,杀审配。 九月,下收田租令,但令民出田租亩四升,户调绢二匹、绵二斤,㊀并免河北是年租赋。献帝令操领冀州牧。 十月,高幹以并州降。袁谭复背操,略取甘陵、安平、勃海、河间诸郡;攻袁尚于中山,袁尚败走从袁熙。 操引兵东攻袁谭,谭走保南皮(今河北南皮县)。 操遣牵招至柳城抚慰乌桓峭王。

㊀参见文集卷二,页三三,收田租令。

五十一岁 建安十年(二〇五)

正月,操攻南皮,大破袁谭,杀之。冀州遂全入操手。郭嘉说操多辟青、冀、幽、并人以为掾属。袁熙、袁尚俱奔辽西乌桓。 操下令使民不得复私雠;禁厚葬。㊀ 四月,黑山帅张燕率众十馀万降操。 故安赵犊、霍奴等杀幽州刺史及涿郡太守,三郡乌桓攻鲜于辅于犷平。八月,操攻破赵犊军,杀犊等;乃渡潞河救犷平,乌桓走出塞。 九月,下整齐风俗令。㊁ 十月,操还邺。高幹闻操征乌桓,复以并州叛,执上党太守,守壶关口,操遣兵击之。

㊀参见文集卷二,页三四,赦袁氏同恶及禁复雠厚葬令。

㊁参见文集卷二,页三四,整齐风俗令。

五十二岁　建安十一年(二〇六)

正月,操击高幹;三月,攻入壶关,高幹走荆州,为上洛都尉所捕杀,并州遂全入操手,操使梁习为并州刺史。

八月,操东征管承,管承败走海岛。　初,三郡乌桓乘中国乱,破幽州,略有汉民十馀万户,袁绍皆立其酋豪为单于。辽西乌桓蹋顿尤强,为袁绍所厚,故袁熙、袁尚逃归之,数入塞为害。操将征乌桓,乃凿平虏渠、泉州渠以通运道。　十月,下求言令,令"自今以后诸掾属治中别驾常以月旦各名其失。"㊀　操使国渊典屯田事,渊相土处民,计民置吏,明功课之法,五年中仓廪丰实,百姓竞劝乐业㊁。

㊀参见文集卷二,页三五,求言令。

㊁魏志国渊传记国渊典屯田事,不详年分。按传文,建安十六年操征关中时,渊已典屯田约五年。又,渊先避乱辽东,还故土似当在操平河北以后。故暂系渊始典屯田于此年。

五十三岁　建安十二年(二〇七)

二月,下封功臣令,封功臣二十馀人为列侯,馀各以次受封;又分邑租以赐将吏。㊀　五月,操北征三郡乌桓,至无终(今河北蓟县),大水,傍海道不通,田畴为乡导,引军出卢龙塞(今喜峰口),堑山堙谷五百馀里,经白檀(今河北滦平县)、历平冈(今喀喇沁左旗),东向柳城(今辽宁朝阳县南)。蹋顿等以数万骑逆军。八月,登白狼山,大破乌桓,杀蹋顿,胡、汉降者二十馀万口。袁熙、袁尚奔辽东。　九月，操引兵自柳城还。辽东太守公孙康杀袁熙、袁尚。十一月，操至易水，代郡乌桓行单于普富卢、上郡乌桓行单于那楼将其名王来贺。　是岁，刘备始用诸葛亮。操遣使者以金璧赎归蔡文姬。㊁

㊀参见文集卷二，页三六一三七，建安十二年三令。

㊁据郭沫若考证，蔡文姬留匈奴十二年，曹操赎归当在是年或次年。

五十四岁　建安十三年(二〇八)

正月，操还邺，作玄武池，练水军。　六月，操为丞相。七月，操南征刘表。　八月，刘表死，子刘琮代，领其军屯襄阳，刘备屯樊，表长子刘琦奔江南。　九月，操至新野(今河南新野县)，刘琮举荆州以降操。操军至宛，刘备南走，至当阳为操军追及，战败，济沔，遇刘琦，同走夏口(今汉口)，操遂得江陵(今湖北江陵)。　十月，刘备与孙权联合谋拒操。　刘备军驻樊口(今武昌西北五里)，周瑜率江东兵三万人至荆州，十一月，曹操顺江陵而下，与周瑜军遇于赤壁(在今湖北嘉鱼县境)，时操军士疾疫，战不利，引次江北，周瑜军以火攻，操船舰焚毁，军遂大败，自华容(今湖北监利县西北)道北走；刘备、周瑜追至南郡。操乃留曹仁、徐晃守江陵，乐进守襄阳，引军北还。周瑜复击败曹仁于夷陵(今湖北宜昌县)。　十二月，孙权自将围合肥(今安徽合肥)。　刘备表刘琦为荆州刺史，引兵南向，遂有荆州江南四郡；周瑜屯江北与曹仁相距。　刘璋与操绝而与刘备相结。

五十五岁　建安十四年(二〇九)

三月,操军至谯,作轻舟,治水军。　孙权自合肥退还。七月,操自引水军自涡水入淮,出肥水,军合肥;令存恤从军吏士家室[一],置扬州郡县长吏,开芍陂(今安徽寿县南)屯田。命仓慈为绥集都尉,屯田淮南。[二]　十二月,操引军还谯。　庐江人陈兰、梅成等起义于灊、六,操遣荡寇将军张辽攻之,陈兰等被杀;操因使张辽、乐进、李典等将七千人屯合肥。　孙权命周瑜屯江陵,程普领江夏太守,吕范领彭泽太守,遂有荆州江北诸郡;刘备营于公安(今湖北公安县南)。

[一]参见文集卷二,页三九,存恤从军吏士家室令。

[二]仓慈为绥集都尉,为操"开募屯田于淮南"事,魏志仓慈传未详年分。按操大规模屯田淮南,始于建安十四年,以给合肥屯军,故暂系之于此年。

五十六岁　建安十五年(二一〇)

春,操下求贤令。言"今天下尚未定,此特求贤之急时",不必用廉士,但唯才是举。[一]冬,作铜雀台于邺。十二月,下明本志令,自明守义为国,无代汉之意;并让还封国之三县,但食武平万户。[二]　是岁,周瑜死。　交趾太守士燮雄于交州,董督七郡,至是附于孙权,孙权势力遂扩及岭南。

[一]参见文集卷二,页四〇,求贤令。

㊂参见文集卷二，页四〇，让县自明本志令。此令为了解操事迹最重要之直接资料。

五十七岁　建安十六年（二一一）

正月，操子丕为五官中郎将，为丞相副。　太原商曜等起义于大陵，为操将夏侯渊、徐晃所击破。　三月，操遣司隶校尉钟繇攻汉中张鲁，使夏侯渊等将兵出河东。关中马超、韩遂、杨秋等十部皆起抗操军，众十万，据潼关，操使曹仁督诸将拒之。　七月，操自将西征，八月，至潼关，北渡河，自蒲阪入西河，马超等拒于渭口（今陕西华阴县北）。操进至渭南；九月，大破马超等，马超、韩遂奔凉州，杨秋奔安定。关中遂全入操手。　十月，操攻杨秋，围安定，杨秋降。　河间田银、苏伯起义。　十二月，操自安定引军还，留夏侯渊屯长安，以张阮为京兆尹。

是岁，刘璋迎刘备，刘备留关羽守荆州，自将数万人入益州。刘璋使刘备往击张鲁，刘备遂引军北上至葭萌（今四川昭化县南）。

五十八岁　建安十七年（二一二）

正月，操还邺。　田银、苏伯起义失败，馀众降。　七月，马超馀众梁兴等屯蓝田，夏侯渊击平之。　割河内、东郡、钜鹿、广平、赵国诸县以益魏郡。　九月，立献帝诸皇子为王。　孙权徙治秣陵，改名建业（今南京）。夹濡须口（今安徽无为县东北）立坞。　十月，操征孙权。　十二月，刘备自葭萌还军，进据涪城（今四川绵阳县东），欲袭成都。　是年荀彧自杀。

五十九岁　建安十八年(二一三)

正月,操进军濡须口,攻破孙权江西营,获其都督公孙阳;孙权率兵七万御之,相守月馀,操引军还。　诏并十四州为九州。　四月,操至邺。操欲令淮南滨江人民内徙,民转相惊,庐江、九江、蕲春、广陵等郡十馀万户皆东渡江,江西遂虚。　五月,献帝以冀州十郡封操为魏公,加九锡。　九月,凿渠引漳水入白沟以通河。　十一月,魏国置尚书、侍中、六卿。　自前年操自关中东还后,马超即率羌、胡击陇上诸郡县,渐兼陇右之众。是岁复攻冀城(今甘肃陇西县南),自春至秋,城下,汉阳遂为超所据。夏侯渊引兵救冀,为马超所败。氐王千万亦应超。　刘璋遣军拒刘备,连败,退保绵竹(今四川罗江县西南);刘备分遣诸将略下属县。

六十岁　建安十九年(二一四)

正月,抚夷将军姜叙与杨阜、尹奉、赵衢等共征马超,超败,南奔汉中就张鲁;复还攻扰凉州,为夏侯渊所败。夏侯渊进军败韩遂及氐、羌,下兴国。　闰四月,孙权攻皖,破之,获庐江太守朱光,孙权使吕蒙为庐江太守。诸葛亮与张飞、赵云溯江入益州,下东蜀诸郡。刘备围成都,刘璋降刘备,刘备遂领益州牧。马超投附刘备。七月,操征孙权。　十月,夏侯渊下枹罕,杀宋建,张郃进军入小湟中,河西诸羌皆降,陇右遂全入操手。　献帝伏皇后令父伏完密图操，事泄，十一月，操遣郗虑等勒兵入宫收伏后，幽死。　十二月，操至孟津。　下敕有司取士毋废偏短令，言“有行之士未必能进取，进取之士未必能有行”，故用士勿废偏短。㊀又令选明达法理者使持典刑，置理曹掾属。㊁

㊀参见文集卷二，页四六，敕有司取士毋废偏短令。

㊁参见文集卷二，页四六，选军中典狱令。

六十一岁　建安二十年（二一五）

正月，省云中、定襄、五原、朔方郡，每郡改置一县，合以为新兴郡。　三月，操西征张鲁，将自武都入氐；氐人塞道，为张郃等所攻破。四月，自陈仓（今陕西宝鸡县东）出散关（宝鸡县西南五十二里）至河池（今甘肃徽县），五月攻破氐王窦茂。七月，至阳平（今陕西沔县东北），败张鲁军，张鲁奔巴中，操遂得南郑，巴、汉皆降。　孙权与刘备争荆州，闻操攻汉中，遂中分荆州，以湘水为界。　八月，孙权率众十万围合肥，战败而退。　九月，巴夷、賨民来附操。十一月，张鲁自巴中将其众降操。　刘备引兵据巴中，操遣张郃督诸军攻巴中，为张飞所败，退还汉中。　十二月，操自南郑还，留夏侯渊屯汉中。　屯田客吕並起义据陈仓，为赵俨等所击破。㊀

㊀吕並起义事见魏志赵俨传，发生于赵俨为关中护军时。今参照赵俨传及通鉴，系于此年。

六十二岁　建安二十一年(二一六)

二月,操还邺。　五月,操为魏王。　代郡乌桓行单于普富卢与其侯王来朝。　七月,匈奴南单于呼厨泉将其名王来朝,操遂留之于邺,使右贤王去卑监其国,分其众为五部,各立其贵人为帅,选汉人为司马以监督之。　十月,操治兵,征孙权。　十一月,操至谯。

六十三岁　建安二十二年(二一七)

正月,操军居巢(今安徽巢县东北),二月,进至郝谿,攻濡须口,孙权退走。三月,操引军还,留夏侯惇、曹仁等屯居巢。　四月,献帝诏魏王操设天子旌旗,出入称警跸。八月,下举贤勿拘品行令,重申唯才是举,勿拘操品之意。㊀　十月,献帝命操冕用十二旒,备天子乘舆。操以子丕为太子。　刘备率诸将进兵汉中,遣张飞、马超、吴兰等屯下辩(今甘肃成县西)。操遣曹洪率兵拒之。　是岁,大疫。

㊀参见文集卷二,页四八,举贤勿拘品行令。

六十四岁　建安二十三年(二一八)

初,操使丞相长史王必典兵督许中事。太医令吉本、子吉邈与少府耿纪等谋杀王必,挟献帝以攻操;正月,吉邈等攻王必,失败,为王必、严匡等所杀。　曹洪攻破吴兰,三月,张飞、马超走汉中。　四月,代郡、上谷乌桓无臣氏等反,操遣子彰往征,破之。　七月,操治兵西征刘备，时备屯阳平关，与夏侯渊等相拒。　九月，操至长安。　南阳吏民苦繇役，十月，宛守将侯音等起据宛；曹仁时屯樊城，操命仁还攻侯音。

六十五岁　建安二十四年（二一九）

正月，曹仁破宛，斩侯音。　夏侯渊为刘备军击败于阳平南定军山，被杀。　三月，操自长安出斜谷，临汉中。操与刘备相持积月，操军士卒多亡，五月，操乃引诸军出汉中还长安，刘备遂据汉中。　七月，刘备自称汉中王。孙权攻合肥。　八月，关羽率众围曹仁于樊城，曹仁将于禁降关羽，曹仁固守樊城。关羽复遣兵围襄阳。　九月，魏讽谋袭邺，事泄，曹丕杀其党羽数十人。　十月，操自关中还至洛阳。　陆浑民孙狼暴动，杀县吏，南附关羽。羽授狼印，给兵，袭郡县。自许以南往往遥应关羽。操议欲徙许都以避其锐，未行。　操自洛阳南征关羽，未至，徐晃攻破关羽军，羽遂撤围走。孙权见关羽连兵襄、樊，乃遣吕蒙将兵乘虚下南郡，入江陵，关羽急南还。　操驻军摩陂（今河南辅成县东南）。　十一月，关羽众散，保麦城（今湖北当阳县东南），十二月，孙权将士攻杀关羽，孙权遂有荆州。　孙权上书称臣。

六十六岁　建安二十五年（二二〇，即黄初元年）

正月，操还至洛阳；庚子，病死于洛阳。　十月，献帝禅位于魏王曹丕（魏文帝）。次年，刘备称帝，并率军攻孙权，权遣使称臣于魏，封为吴王。

附言:本年表中史事及年月,遇有各种记载相互歧异之处,大半依从通鉴,间亦采用卢弼三国志集解所引诸说。遇有难以确定年月之事,均加脚注说明暂系该事于该年之理由。关于少数民族之名称,均暂仍汉末史料之旧。关于古代地名,凡与曹操事迹有关之重要县名,均用括弧注明现今地名,以便利读者检阅地图。疏漏错误之处可能很多,望读者指正。

曹操著作考 节录姚振宗三国艺文志

魏武自作家传

魏志蒋济传注:臣松之案:魏武作家传,自云曹叔振铎之后。

广韵六豪曹字注:魏武作家传,自云曹叔振铎之后。周武王封母弟振铎于曹,后以国为氏,出谯国、彭城、高平、钜鹿四望。

魏主奏事十卷

隋书经籍志刑法篇:魏主奏事十卷。

章宗源隋志考证曰:文选古诗十九首注、太平御览居处部并引魏王奏事,史记韩信卢绾传集解引魏武帝奏事,汉书高帝纪注、后汉书光武纪、西羌传注、文选关中诗注并引之。

侯志曰：史记陈豨传、汉书高祖纪十年、后汉书光武纪更始二年、西羌传论诸注，俱引魏武奏事，御览一百八十一引魏公奏事。

魏武帝太公阴谋解三卷

隋书经籍志：梁又有太公阴谋三卷，魏武帝解。通志艺文略：太公阴谋三卷，魏武帝注。

魏武帝司马法注

汪师韩文选理学权舆曰：选注所引群书，有曹操司马法注。

侯志曰：魏武帝司马法注，见文选注。

魏武帝孙子略解三卷

魏武自序有曰：吾观兵书战策多矣，孙武所著深矣。审计重举，明画深图，不可相诬，而但世人未之深亮训说，况文烦富，行于世者，失其旨要，故撰为略解焉。

魏志武纪注：孙盛异同杂语云：太祖注孙武十三篇，传于世。

唐杜牧注书序曰：武书大略用仁义，使机权，曹公所注解，十不释一。

隋书经籍志：孙子兵法二卷，吴将孙武撰，魏武帝注，梁三卷。日本国见在书目：孙子兵书三卷，魏武解；孙子兵书一卷，魏祖略解。唐经籍志：孙子兵法十三卷，孙武撰，魏武帝注。艺文志：魏武帝注孙子三卷。宋史艺文志同。

晁氏读书志曰：魏武注孙子一卷。案汉艺文志，孙子兵法八十二篇，今魏武所注止十三篇。杜牧以为武书数十万言，魏武削其繁剩，笔其精粹，成此书云。又曰：唐李筌注孙子，以魏武所解多误；陈皞注孙子，以曹公注隐微。

陈氏书录解题曰：汉志八十一篇，魏武帝削其繁冗，定为十三篇。

孙星衍刻书序曰：宋雕本孙子三卷，魏武帝注。见汉艺文志者，孙子篇卷不止此，然史记已称十三篇，则此为完书，篇多者反由汉人辑录。阮孝绪作七录时，孙子为上中下三卷，见史记正义。此本每篇有卷上中下题识。

孙星衍校刊孙子十家注序曰：兵家言惟孙子十三篇最古，称为兵经，比于六艺。而或秘其书，不肯注以传世，魏武始为之注。云撰为略解，谦言解其觕略也。

魏武王凌集解孙子兵法一卷

魏志本传：凌字彦云，太原祁人也。叔父允为汉司徒，诛董卓。卓将李傕、郭汜等为卓报仇，入长安，杀允，尽害其家。凌及兄晨，时皆年少，逾城得脱，亡命归乡里。凌举孝廉，为发干长、中山太守。太祖辟为丞相掾属。文帝践阼，拜散骑常侍，出为兖州刺史，转青州，徙扬、豫州刺史。正始初，为征东将军假节都督扬州诸军事，进封南乡侯，邑千三百五十户，迁车骑将军仪同三司，就迁为司空。司马宣王既诛曹爽，进凌为太尉，假节钺。后与外甥兖州刺史令狐愚密协计，谓齐王不任天位，欲迎立楚王彪，都许昌。嘉平三年，宣王将中军讨凌，凌势穷出迎，送还京都，至项，饮药死。

隋书经籍志：孙子兵法一卷，魏武、王凌集解。

孙星衍校刊孙子十家注序曰：书中或多出杜佑，而置在其孙杜牧之后。杜佑实未尝注孙子，其文即通典也。多与曹注同，而文较备，疑佑用曹公、王凌诸人古注，故有王子曰，即凌也。

魏武帝续孙子兵法二卷

隋书经籍志：续孙子兵法二卷，魏武帝撰。日本国见在书目同。唐书艺文志：魏武帝续孙子兵法二卷。

案此疑取孙子十三篇外之文以为是编。

魏武帝兵书接要十卷

魏志武纪注：孙盛异同杂语云：太祖博览群书，特好兵法，钞集诸家兵法，名曰接要，传于世。

隋书经籍志：兵书接要十卷，魏武帝撰。唐经籍志：兵书接要七卷，魏武帝撰；艺文志：魏武帝兵书捷要七卷。

汪师韩文选注引群书目录曰：兵书接要，魏武帝钞集。

孙志祖曰：案旧唐志，兵法捷要七卷，魏武帝撰。案旧唐志作兵书接要。捷要即节要也，魏讳节改耳。案接捷古通，汉艺文志道家捷子二篇，史记孟荀列传作接子，此其证也。

侯志曰：本纪注引孙盛异同杂语及文选魏都赋注引，皆作接要，与隋志同。唐志作捷要，御览卷八引其文，又作辑要；又卷十一引，凡三条。

案御览经史图书纲目又有魏武兵书辑略，亦即节要之谓也。

魏武帝兵书接要别本五卷

魏武帝兵书要论七卷

隋书经籍志：梁有兵书接要别本五卷，又有兵书要论七卷，亡。日本国见在书目：兵书论要一卷，魏武帝撰。

案隋志引七录，此二书并在魏武兵书接要十卷之次，知皆为魏武书。疑皆是别本。其要论七卷，似即唐志捷要七卷之异名。

魏武帝兵书十三卷亦称新书

魏志武纪注：魏书曰：太祖自统御海内，芟夷群丑，其行军用师，大较依孙吴之法。而因事设奇，谲敌制胜，变化如神。自作兵书十万馀言，诸将征伐，皆以新书从事；临事又手为节度，从令者克捷，违教者负败。太平御览三百八十九引益部耆旧传曰：张松识达精果，有材干，刘璋乃遣诣曹公，曹公不甚礼。杨修深器之。修以公所撰兵书示松，饮讌之间，一省即便暗诵。

杜牧注孙子序曰：曹公所注解，十不释一，盖惜其所得自为新书尔。

唐日本国人佐世见在书目：魏武帝兵书十三卷。

魏武帝兵书略要九卷

隋书经籍志：兵书略要九卷，魏武帝撰。通志艺文略同。

日本国见在书目：兵书要略，魏武帝撰，不著卷数。

严可均全三国文编曰，魏武兵书要略，御览三百五十七引之。

案此似新书别本，隋志是书之下又云：梁有兵要二卷，次在魏武诸书中，疑亦魏人抄录武帝书。

魏武帝兵法接要三卷

隋书经籍志：兵法接要三卷，魏武帝撰。日本国见在书目：兵书接要三卷，魏武帝撰。

案此两唐志不载，或自为一书，或后人钞兵书接要及新书为是帙。隋志有太公三宫兵法一卷，而是书之下又有三宫用兵法一卷，叙次在魏武诸书中，疑亦魏武抄撰太公书而失注撰人者。

魏武帝兵法一卷

隋书经籍志：魏武帝兵法一卷。

案此两唐志不载，似亦当时钞节之别本。

魏武四时食制

魏志武纪注：傅子曰：太祖又好养性法，亦解方药。招引方术之士，左慈、华佗、甘始、郄俭等，无不毕至。又习啖野葛至一尺，亦得少多饮鸩酒。

汪师韩文选理学权舆曰：选注所引群书，有魏武四时食制。

严可均全三国文编曰，魏武四时食制，文选海赋注、初学记卷三十、太平御览九百三十六七八九至四十，引见凡十四条。

案隋志有四时御食经一卷，又食经十四卷。又引七录，有食经二卷，又一部十九卷，又太官食经五卷，太官食法二十卷，并不著撰人。盖合诸家食经为一编，魏武四时食制当在此数书中。

魏武帝集三十卷录一卷

魏武帝逸集十卷

魏武帝集新撰十卷

魏志本纪注:魏书曰:太祖御军三十馀年,手不舍书,昼则讲武策,夜则思经传,登高必赋,及造新诗,被之管弦,皆成乐章。

魏志文纪注:典论自叙曰:上雅好诗书文籍,虽在军旅,手不释卷。每每定省,从容常言:人少好学,则思专,长则善忘;长大而能勤学者,唯吾与袁伯业耳。袁遗字伯业,汝南人,袁绍从兄。见武纪初平元年裴氏注。

钟嵘诗品曰:曹公古直,甚有悲凉之句。

文心雕龙时序篇曰:建安之末,区宇方辑,魏武以相王之尊,雅爱诗章。

隋书经籍志:魏武帝集二十六卷。梁三十卷,录一卷。梁又有武皇帝逸集十卷,亡。又曰:魏武帝集新撰十卷。唐经籍志:魏武帝集三十卷。艺文志同。

明张溥汉魏六朝百三家魏武帝集辑本一卷,凡令、教、表、奏事、策、书、尺牍、序、祭文、乐府歌辞,综一百四十五篇。

严可均全三国文编辑本三卷,凡赋、策、表、奏、上书、上事、教、令、书、序、家传、杂文,综一百五十篇。明冯惟讷诗纪辑存乐府十四篇,二十一首。

魏武帝露布文九卷

隋书经籍志:梁有魏武帝露布文九卷,亡。通志略文类军书门著录同。

唐封演闻见记曰:露布,捷书之别名也,自汉以来有其名。所以名露布者,谓不封检而宣布,欲四方速知。亦谓之露版。魏武奏事云:有警急,辄露版插羽是也。

补　遗

兵书接要

孙子称司云气非云非烟非雾，形似禽兽，客吉、主人忌。御览卷八。

大军将行，雨濡衣冠，是谓洒兵。其师有庆。御览卷十一。

三军将行，其旗埶然若雨，是谓天露。三军失徒。将阵，雨甚，是谓浴尸。先阵者败亡。同上。

大将始行，雨而薄，不濡衣冠，是谓天泣。其将大凶，其卒散亡。同上。

善哉行

痛哉世人，见欺神仙。文选二十四赠白马王彪诗李善注。

失题

荀欣等曰:"汉制:王所居曰禁中,诸公所居曰省中。"文选六魏都赋李善注引魏武集。